蔡万刚 ◎ 编著

中国纺织出版社有限公司

内 容 提 要

5~6岁是孩子身体素质日益增强、大脑飞速发展的时期，也是孩子从游戏阶段向学习阶段转折的关键时期。作为父母要做好角色的转变，从生活的照料者转变为学习的辅助者，帮助孩子顺利过好这一阶段。

本书从5~6岁孩子的身心发展特点开始谈起，让我们认识到这一阶段孩子和父母即将面临的挑战。这本书将帮助父母更好地了解孩子，并在教与养的方面提出建议，希望广大家长朋友们有所获益。

图书在版编目（CIP）数据

我的孩子5岁了 / 蔡万刚编著. -- 北京：中国纺织出版社有限公司，2020.11
ISBN 978-7-5180-7809-7

Ⅰ.①我… Ⅱ.①蔡… Ⅲ.①幼儿教育—家庭教育 Ⅳ.①G781

中国版本图书馆CIP数据核字（2020）第162737号

责任编辑：闫 星　　责任校对：高 涵　　责任印制：储志伟

中国纺织出版社有限公司出版发行
地址：北京市朝阳区百子湾东里A407号楼　邮政编码：100124
销售电话：010—67004422　传真：010—87155801
http://www.c-textilep.com
中国纺织出版社天猫旗舰店
官方微博http://weibo.com/2119887771
三河市延风印装有限公司印刷　各地新华书店经销
2020年11月第1版第1次印刷
开本：880×1230　1/32　印张：8
字数：135千字　定价：29.80元

凡购本书，如有缺页、倒页、脱页，由本社图书营销中心调换

前 言

当孩子到了5~6岁以后,作为家长的你是否发现:孩子好像比以前话更多了,俨然就是一个小话痨,总是追着你问这问那,总把"为什么"挂在嘴边,好像有问不完的问题;孩子好像不怎么黏人了,以前孩子总是巴不得24小时黏着爸爸妈妈,幼儿园一放学就飞扑到妈妈怀里,现在好像开始习惯独处了;孩子好像突然想交朋友了,会尝试着用自己的玩具去博得其他小朋友的欢心;孩子似乎比以前更聪明了,无论是语言表达能力还是运算能力,好像都上了一个台阶……其实,这些表现正是这一阶段孩子的典型特征。5~6岁的孩子身体素质日益增强,大小肌肉的动作更为灵活,对事物的控制能力明显提高,并逐渐获得了自尊、自信的心理品质,初步形成了独立和合作的意识,语言表达和阅读能力快速发展,并乐于用多种艺术方式来表达自我,创造欲旺盛。

儿童教育专家认为,5~6岁是儿童心理快速发展的时期,孩子正经历从幼儿园到小学的过渡期,也是从游戏阶段向学习阶段转折的关键时期。这一时期的孩子也处于人生中第一个十字路口,即将面临幼升小的关键时刻,作为父母要做好角色的转变,从生活的照料者转变为学习的辅助者。

其实,很多父母已经认识到这一点,他们十分关注孩子的教育问题,对幼小衔接也空前重视,导致父母在帮助孩子从幼儿园过渡到小学阶段时出现了观念和方法上的偏差。怎么把握好幼小衔接的"度",是很多父母和广大教育工作者正在探讨的一个话题。

为此,作为父母,在这一问题上,我们首先应冷静对待幼小衔接。

如今市场上充斥着各种各样的幼小衔接班,一些家长看到别的家长将孩子送入培训班学习,看到别家的孩子开始掌握了小学的知识,就坐不住了。其实,我们没必要过于焦虑和担忧孩子起点低,要知道,这一阶段的孩子固然要进入一年级,但依然不可以对他们提出过高的要求,因为让孩子接受超前教育,孩子容易产生畏难情绪而害怕学习,甚至厌学和逃学,这对于孩子的学习生涯是不利的。相反,我们应该用平和的心态面对幼小衔接这个特殊阶段。父母的淡定和从容,也能帮助孩子在面临每一个转折点时冷静对待。

另外,我们要尊重孩子的成长规律。在幼小衔接阶段,我们要培养孩子自觉学习的能力、养成良好的行为习惯、提高生活自理能力等,而非知识的灌输,过多地对孩子进行学科知识的提前教授,偏离了幼小衔接的重心。

要知道,小学阶段看重的是孩子非智力因素的发展,如是否能集中注意力听课、是否能适应学校环境、人际关系如何、能否自发地学习等。每一个学段的课程都是遵循孩子的成长规律设置的，身为孩子人生第一任老师的父母，我们更应该尊重孩子的内在秩序和规律，跟随孩子的节奏。

最后，我们要学会有智慧地爱孩子。一些父母认为幼小衔接就是帮助孩子选一所名校，就是给孩子充足的物质，其实不然。我们教育孩子，不只是要让他们掌握知识，更要尊重孩子，给他们独立成长的机会，要让孩子主动去探索，去经历，比如带孩子去大自然走走，去看看社会百态等，这些学校里做不了的事情，都需要父母的智慧去思考、权衡和行动。良好的品质、性格和积极阳光的心态，才是孩子受用一生的财富。

总之，每位家长都要做孩子成长路上的引路人，而不是绝对的掌控者，要主动学习孩子成长的规律，积极转变自己的教育观念和方法，而非使用一成不变的教育方式，最后，希望阅读本书的家长朋友们都有所领悟，能掌握启动孩子心智的那把钥匙，进而顺利做好孩子的幼小衔接工作。

编著者

2020年3月

目 录

第01章 5~6岁学前期：
父母一定要懂的儿童行为和心理 // 001

5~6岁孩子身心发展有哪些特点 // 002
孩子5岁以后怎么有用不完的精力 // 005
孩子掉牙是缺钙吗 // 009
5~6岁孩子动作发展有哪些特点 // 013
5~6岁孩子注意力发展的特点 // 016
5~6岁孩子将面临哪些挑战 // 020

第02章 5~6岁要进行心理断乳：
独立性对孩子的成长至关重要 // 025

5~6岁孩子的脑部发育特点 // 026
父母要重视培养孩子的独立人格 // 029
5~6岁孩子独立动手能力增强 // 034
呵护孩子，切记不要用力过猛 // 037
适度放手，给孩子"独行"的机会 // 041
让孩子在故事里成长 // 046

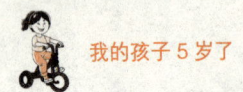

第03章　5~6岁社交关系敏感期：
注意帮助孩子解决社交问题　// 051

5~6岁孩子有渴望社交的共性心理　// 052
社会交往能力最初是在游戏中形成的　// 055
如何帮助5~6岁孩子顺利度过人际关系敏感期　// 059
帮助孩子克服内心的自卑情绪　// 062
胆怯的孩子害怕与人交际怎么办　// 066
帮孩子改掉坏脾气，拥有迷人的个性　// 070

第04章　5~6岁智力飞速发展期：
注重孩子学习力和阅读力的养成　// 075

5~6岁孩子的思维发展特点　// 076
5~6岁孩子的认知能力发展特点　// 081
保护孩子的好奇心，鼓励孩子大胆探索　// 085
尽早培养孩子敏锐的观察力　// 089
有目的的引导，让孩子爱上读书　// 093
带孩子投入大自然，让其放松身心　// 097

第05章　5~6岁习惯养成黄金期：
好习惯成就孩子的一生　// 101

帮孩子养成良好的作息习惯　// 102

　　因势利导，审美敏感期要抓牢 // 105
　　勤俭节约是美德 // 108
　　培养孩子认真专注的好习惯 // 111
　　引导孩子养成运动的习惯 // 115

第06章　5~6岁品格塑造关键期：
**　　　引导孩子成长为善良阳光的好孩子 // 121**

　　言传不如身教，父母要做好品质的引路人 // 122
　　小小帆船不怕风浪 // 125
　　让他做阳光下的向日葵 // 129
　　要尽早在孩子心里种下善良的种子 // 132
　　放开手，让孩子自己走 // 136

第07章　及早灌输规矩意识：
**　　　在生活中培养孩子的纪律性 // 141**

　　为孩子树立规矩要尽早 // 142
　　规矩制订了，更要严格执行 // 145
　　立规矩，让孩子遵守课堂纪律 // 150
　　尽早让孩子养成这几条规矩 // 154
　　有规矩，就要有惩罚 // 157

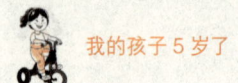

第08章　帮助孩子改变不良行为：
管教需要父母的细心和用心　// 163

多观察孩子，及时发现孩子的问题　// 164
孩子出口成"脏"，如何纠正　// 167
诚信为本，及时纠正孩子不诚实的行为　// 171
面对孩子的不良行为，要冷静处理　// 174
根治懒散，培养孩子勤奋的好习惯　// 178

第09章　再见，幼儿园：
提前准备，帮助孩子做好幼小衔接　// 183

幼小衔接，孩子入学前我们该做些什么准备　// 184
幼升小，如何帮助孩子做好入学的心理准备　// 188
幼小衔接，有必要让孩子提前学习小学知识吗　// 192
如何走出幼小衔接的误区　// 196
幼小衔接时，如何帮助孩子克服分离焦虑　// 200

第10章　给孩子足够多的心灵养护：
永远不要让安全感缺席　// 205

让孩子知道，父母永远是爱他的　// 206
允许孩子失败，孩子才会坚强　// 210
关注孩子的点滴进步，让孩子知道你在关心他　// 214

目 录

家庭冷暴力，对孩子伤害极深　// 218
始终和孩子站在一起，与孩子一起成长　// 221

第11章　亲密关系转变期：
孩子需要更多的尊重与独立　// 225

爱他，就要信任他　// 226
转变观念，教育方法不能一成不变　// 229
别让溺爱毁了你的孩子　// 231
给孩子恰当的鼓励，让孩子获得自信与勇气　// 234
"你怎么看"——给孩子发表自己意见的机会　// 239

参考文献　// 243

第 01 章

5~6 岁学前期：父母一定要懂的儿童行为和心理

我们发现，5~6 岁的孩子，总是活泼好动、精力充沛，对身边的事物总是充满好奇心和求知欲。这个阶段的孩子对外界事物充满好奇，喜欢经常问为什么，试图探清事物的真相，并且，还喜欢动手操作实践，能动的动，不能动的也想动。不是拆坏了家里的玩具或电器，就是将家里弄得一片狼藉，家长跟在后面都收拾不过来。其实，这都是这一阶段孩子身心发展的表现，了解这一时期孩子的身心发展特点，能帮助我们有的放矢地管教孩子，顺利帮助孩子完成从幼儿园到小学学习生活的过渡。

我的孩子5岁了

5~6岁孩子身心发展有哪些特点

作为父母,我们都知道,孩子到了5~6岁时,就要快进入小学了,这是孩子从幼儿园到小学之间的一个转折期,也是孩子从游戏阶段向学习阶段转折的一个时期。如何能够帮助孩子更好地渡过这样的一个转型,首先就要了解这一阶段孩子的身心发展特点:

1.好奇、好学

我们都知道,是孩子就会对周遭的事物产生好奇,但5~6岁孩子的好奇心与婴幼儿的不同,婴幼儿的好奇心表现在,他们看见什么都想去摸摸,都想看看,面对不理解的事物,他们也会向成人发问,问题一般是"这是什么""那是什么"。5~6岁的孩子不同,他们不光问"是什么",还要问"为什么"。问题的范围也很广,天文地理,花鸟鱼虫,无所不有。他们不仅希望得到成人的帮助解答,也通过自己实际的尝试、实验,发现问题,寻求答案的主动性、积极性更加提高。

2.抽象概括能力开始发展

5~6岁的孩子的思维虽然仍旧是具体的,但已经初步有了抽象概括的萌芽,一些孩子已经能分清左右,能简单将食物分类,比如,知道白菜、西红柿、茄子都是蔬菜,苹果、橘子、

第 01 章
5~6 岁学前期：父母一定要懂的儿童行为和心理

香蕉都是水果；也能初步理解事物的因果关系，比如，铁做的事物能沉到水底，而木头做的东西能浮在水面上。

由于5~6岁的孩子的抽象概括能力开始萌芽，所以也应该进行简单的科学教育，引导他们去发现事物间的各种内在联系，促进其智力的发展。

3.自理能力和劳动能力明显提高

这一阶段的儿童在生活自理能力方面更强了，他们能选择自己喜欢的、适合的衣服，能很好地使用筷子了，也能自己独立地安睡，而且非常喜欢参与成人的劳动，在幼儿园里也非常愿意做一些力所能及的事。家长不妨放手让他们做一些事情，这样他们会很高兴，同时各方面生活能力也会得到更大的提高，这也是他们责任感的一种表现。

4.个性初步开始形成

5~6岁的孩子的心理特征已经初步稳定，他们有了一定的自我控制能力，且有了自己的主见，不再随波逐流。对人、对己、对事开始有了相对稳定的态度和行为方式：有的热情大方，有的胆小害羞，有的活泼，有的文静，有的自尊

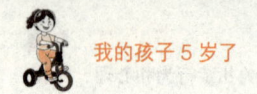

心很强,有的有强烈的责任感,有的爱好唱歌跳舞,有的表现出绘画才能……

教育心理学家认为,5~6岁是孩子身心发展的关键时期,且即将进入小学学习,了解孩子的身心发展特点尤为重要,这是我们管教孩子的依据,那么,我们该如何管教5~6岁的孩子呢?

1.多让孩子自己分析

无论遇到什么事家长都不要代替孩子思考。孩子做错事时,不要一味地指责训斥,可以让他自己想一想什么地方做错了,为什么做错了,应该怎样做。

2.多问孩子为什么

家长可以多用疑问的语句问孩子,使孩子养成独立思考的习惯。如果孩子不能立刻回答出来,家长不要着急,要耐心地引导、启发他。

3.给孩子提供民主的气氛

家长不能压抑孩子,应该为孩子提供宽松的环境,激发孩子的创造性和思考欲望。如果过于压抑孩子,只会造成孩子懦弱、服从、惟命是从的性格。

4.多鼓励孩子

孩子做什么事,家长都不应限制过多(不包括那些危险事情和错误的事情)。如果孩子失败了,家长应该鼓励他,帮助他找出失败的原因,鼓励孩子克服困难,避免失败。

5.给孩子独处的空间

这个阶段孩子的自理能力已经很强了,如果家里有条件应该给孩子提供一个房间,如果没有条件也应该给孩子独处的空间和时间,这对孩子的思考是十分有帮助的。

6.让孩子自己想办法

在日常生活或游戏中,无论遇到什么困难,家长首先就应该问孩子:"你该怎么办?""你有什么好办法吗?"有些家长总是迫不及待地帮助孩子,这对培养孩子独立思考的品质是不利的。

孩子到了5~6岁,思维能力有了进一步的发展,抽象思维开始萌芽且正在发展,因此应该加强对孩子的训练,提高孩子的思维水准和思考能力。

孩子5岁以后怎么有用不完的精力

在家庭中,可能不少家长有这样的发现,孩子到了5岁以后,似乎比从前好动了。孩子小时候只是这里摸一摸,那里看一看,但是自从上了幼儿园大班后,就好像总有用不完的精力,明明在学校已经做了很多运动和游戏,但是回家后还是吵着要玩;并且,老师也反映,孩子在幼儿园总是活泼好动,好像根本停不下来。一些家长担忧,孩子是不是身体有什么问题,其实,这是

正常的表现,好动,跟这一年龄段儿童的身体发育密切相关。

与婴幼儿不同,5~6岁的孩子已经是个强壮、会走会跳且极有反叛性的儿童,喜欢练习大肌肉的技巧,手眼合作完善,食量大增,非常好动,尤其喜欢竞争游戏。这就是国家要求幼儿园一定要有足够的户外活动场地和充足户外活动时间的原由。

当然,针对孩子的这一身体发展特点,我们可以引导孩子做一些体育活动锻炼,以此帮助他们分散多余精力。带领孩子参加体育活动,好处有很多,比如:

促进智力水平的发展。经常参加体育锻炼活动,能让孩子神经系统的兴奋和抑制的交替转换过程得到加强,从而改善大

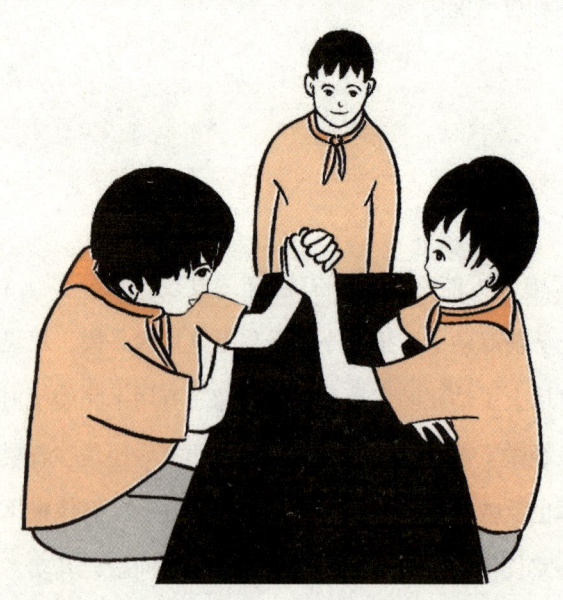

脑皮层神经系统的均衡性和准确性，使思维更为灵活、协调。

培养良好的个性心理。能将体育活动坚持下来，本身就是克服困难的一个过程。另外，一些体育活动还需要遵守比赛规则，制约和调控自己某些不利的个性品质，这些都是孩子成长必需的品质。

培养专注力和耐力。体育锻炼不管是哪类运动，都需要孩子具备调动四肢协调配合的能力，将运动坚持下来则需要更多的耐力，而良好的专注力和耐力将是孩子今后学习的有力保障。

孩子在成长过程中，不仅应该注意饮食营养，也要进行适当的身体锻炼，运动可以提高孩子的身体素质和体力，也可以提高孩子的免疫力。适当的锻炼会使孩子更加健康，那么5岁孩子怎么锻炼身体？

1.可以骑自行车或者跑步

孩子到了5岁，可以尝试着骑儿童自行车，这可以锻炼孩子的身体，尤其是腿部的肌肉，还可以跑步，不过我们需要注意的是，跑步不能过度，一旦过度，会影响孩子的心肺发育。除了保证适量的体育运动，还要有足够的睡眠，这样孩子才会有精神锻炼身体。

2.可以学跳舞

跳舞不只是一种才艺，更能锻炼孩子的身体灵活度，还可以培养孩子对舞蹈的兴趣，让孩子喜欢上跳舞。所以舞蹈也是一个不错的选择。

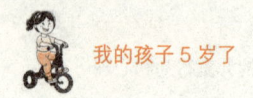

3.可以进行一些球类运动

孩子在进行一些球类运动的过程中会不断奔跑，这样也锻炼了身体。在各种球类运动中，足球能更好地锻炼孩子的腿部肌肉，但是这一运动也要适度，适量的体育运动才不会使孩子过度劳累，让孩子身心更加健康。

可见，强调5~6岁的孩子运动也是十分有必要的，但是儿童运动并非成人专项运动的缩减版，运动医学专家表示，年龄较小的孩子不应过早进行专项训练，这些训练有：

（1）头顶球。这里指的是那些较重、较硬的球，因为这类球会对孩子的大脑产生不良影响。

（2）倒立。如果倒立时间较长，则需要有人扶持，防止颅内压过分升高，对孩子的大脑和视觉器官造成不良影响。

（3）"推小车"。指的是孩子双臂伸直撑地，另一人架起他的双腿前进。要避免孩子双臂支撑不住而摔伏在地上，擦伤面部或胸部。

（4）拔河。通常在这一游戏中，双方会僵持不下，这样，在较长时间用力的情况下，孩子的胸内压会升高，对心脑产生不良影响。

（5）举哑铃等重物。这样会导致孩子局部肌肉粗壮，影响孩子身体的整体发育；导致孩子的肌肉过早受到刺激而造成肌肉发达，对孩子的心脏等器官造成较重的负担；导致孩子局部肌肉僵硬，失去正常弹性。

(6) 较长距离的高速奔跑。这会导致孩子幼小的心脏受到损伤。

(7) 负重跑或跳。这类运动很有可能导致孩子局部血液循环受到影响,从而影响该部位肌肉的正常活动与发育;运动中可能动作变形,甚至出现错误动作;由于长期负重练习,致使局部机体过分劳累,严重时出现慢性劳损。

总的来说,5~6岁的儿童的运动就是有目的的玩,通过专业系统的训练课程,帮助他们进行科学的基础运动,建立正确的运动模式,养成健康的生活好习惯。

孩子掉牙是缺钙吗

作为父母,我们都知道,换牙,是每个孩子必定经历的一个过程。然而,在家庭教育中,一些父母发现,孩子才5岁就开始掉牙了,为此,他们十分担心,孩子这么早换牙是不是缺钙,对此,我们来看看圆圆妈妈的一次经历:

圆圆是个5岁半的小女孩,上幼儿园大班。最近,妈妈发现,圆圆的一颗门牙开始松动要掉了。妈妈心想,孩子换牙不该是7岁左右吗?害怕之余,她带着圆圆来看牙医,牙医告诉她,孩子掉牙,说明身体在发育,不必忧虑。

圆圆妈妈的苦恼相信很多父母都遇到过,其实这是孩子正

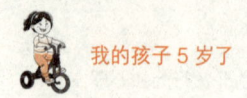

常的换牙过程。换牙是乳牙脱落，恒牙长出的过程。在正常情况下，每个乳牙牙根的下方，都有一个对应的恒牙胚。随着孩子生长发育，恒牙胚也逐渐发育并陆续萌出。恒牙在萌生过程中，直接压迫乳牙根，使乳牙根渐渐吸收，变得越来越短，直至完全消失。于是乳牙便开始脱落，恒牙逐渐长出。

作为家长，应密切观察孩子的牙齿发育情况，以便孩子顺利地度过换牙期，长出一口健康漂亮的牙齿。

1.注意观察孩子换牙

随着儿童年龄的增长，孩子原本的小小的乳牙已经不能适应逐渐长大的颌骨和日益增强的咀嚼力。实际上，从6岁起，孩子的乳牙已经开始脱落，逐渐长新的恒牙，而到了12岁，换牙基本完成。

由于恒牙牙胚在颌骨内的生长、发育及向牙齿咬合面方向的移动，使乳牙根部组织被吸收，乳牙逐渐松动，最后造成脱落，脱落的乳牙是没有根的，脱落面呈蚕食状。孩子乳牙脱落时应注意观察，以便和乳牙牙根折断区别。

2.尽量避免孩子受损伤

有些家长发现孩子新生的恒牙是松动的，由此而感到不安与疑虑，实际上，这是因为刚萌出的牙齿，牙根尚未完全形成，牙髓腔和根尖孔均很大，根尖部牙骨质很薄造成的。这个时期一旦受到外伤及感染，牙根根尖部发炎，根尖孔就不能再闭合，治疗起来十分麻烦。孩子换牙的年龄正是活泼好动的时期，很容易在奔跑、嬉戏、打闹中突然发生碰撞、摔倒等意外情况导致颌面部外伤，其中上前牙又是特别容易受损的部位，所以在这个时期家长更要注意让孩子避免受损伤。

3.门牙间隙不必担忧

有些家长发现小儿新长出的两颗门牙之间出现了空隙，有的甚至呈八字形，因此担心孩子的门牙长不好。其实，恒牙的萌出是有一定的时间和次序的，上前中切牙（俗称门牙）萌出的时间是6~9岁，侧切牙为7~11岁，所以在7~11岁时，孩子的两颗门牙间会出现空隙，只要等到侧切牙萌出后，间隙就会自然消失。当然也可能是两颗门牙之间存在着多生牙造成两只门牙间的空隙，这可以通过X光片检查确定后拔除多生牙，使间隙关闭。

4.虎牙不可拔除

在乳恒牙交换的次序上，尖牙的萌出要晚于第一双尖牙，由于尖牙萌出时前牙区牙槽骨的地盘被其他牙齿占满了，只能偏唇侧长出，所以有一部分小儿的尖牙常常向唇侧突出形成虎牙。有的家长嫌此牙难看，要求医生拔除，这是错误的。尖牙是全口牙中牙根最长、最粗壮的一颗牙齿，它撕裂食物的作用是其他牙齿不能替代的，倘若丧失，往往造成小儿无法啃甘蔗，吃排骨，也影响咀嚼力。若需矫正，医生也是通过拔除第一或第二双尖牙达到矫治的目的。

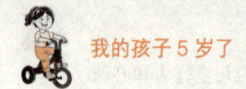
我的孩子5岁了

5.了解暂时性错合期

最后值得一提的是，乳恒牙交替时期，牙齿的排列常常是错杂的，有时甚至是凌乱不堪的，医学上称为暂时性错合。有些家长为此十分担忧，要求医生尽早给予矫治，其实，人体牙齿有排列整齐的潜在倾向，在乳恒牙交替时，牙齿排列有自行调整的可能，在乳恒牙交替未完成前，不必急于矫治，应随时观察。有些孩子的恒牙会慢慢排列整齐的，即使需要矫正，也应在乳恒牙交替完成以后进行，通常在13~15岁，此时恒牙萌出达到了一定高度，牙齿矫治器的制作和佩戴才能准确和有效。

另外，牙医建议，当乳牙脱落而新牙长时间长不出来时，父母应该尽早带孩子到医院，让医生诊治。医生首先通过X光片观察，了解新牙的发育情况，如果孩子根本就没有新牙的牙胚，那么此位置就不可能长出新牙来，此时应用镶牙的办法来代替此牙；若新牙还没有长出牙槽骨，此时应加强此处的压力刺激，以促进其发育；若新牙已长出牙槽骨，但还没有长出来，有一层牙龈组织覆盖在上面，因为咀嚼食物长时间摩擦，而使这层牙龈组织变厚，变硬，新牙就更难长出来，此时应该采用外科手术的办法，切除表面的牙龈组织，使新牙尽早长出，此法在医学上称为导萌术。因此，当孩子换牙，新牙长时间长不出来时，父母就应采用科学的方法，来帮助孩子长出新牙，盲目着急是没有用的。

第 01 章

5~6 岁学前期：父母一定要懂的儿童行为和心理

5~6岁孩子动作发展有哪些特点

我们都知道，孩子到了5~6岁以后，一般已经进入幼儿园大班学习，此时是孩子从游戏阶段向学习阶段转折的一个时期，如何能够帮助孩子更好地度过这样的一个转型期，首先就要了解孩子的年龄特点。前面，我们已经分析了这一阶段孩子的身心发展特点，除此之外，还要了解孩子的动作发展特点。

其实，我们也发现，孩子到这个年龄，并不像小时候的跌跌撞撞，反而能跑跳自如，能连续走20~30分钟路程，跑的时候会躲闪、追逐，动作协调，平衡能力较强；会拍球，踢球，可以边拍边跑，边跑边踢；开始有集体游戏（如赛跑、体操、单脚跳、拉手跳、拍球、传球、趴地推球和踢球等），在玩的过程中，常常改变规则，创造新花样。

那么，5~6岁孩子动作发展有哪些特点，我们可以进行总结：

1.大运动发育

5~6岁的孩子，在身体的灵活性、平衡感、敏捷性、力量这四个基本动作能力方面都得以发展。这一年龄段孩子的脚步越来越趋于平稳，他们的四肢可以尝试一些新的动作和技能，比如扔球与抓球、抓住单杠和吊环摇摆等。之后，他们身体的上下运动会整合到更为精练的运动中。

5~6岁的学龄前儿童能够踏三轮车，蹦的时候也能够灵活

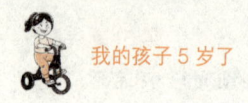

地移动整个身体。

关于球类的技能，5~6岁学龄前期的儿童能够把肩膀、躯干、胳膊和腿等协调起来扔球和抓球。在扔球的时候会让自己的重心前移，也会随之移动脚步，这样球就跑得更快、更远了。在抓球时会预测球落下的位置，移动整个身体，让身体前移、退后或者移到旁边，不再是把球压到胸膛上，而是用手掌和手指来抓球，用胳膊和身体来缓冲球的力量。

此时的儿童还能闭眼单脚站立长达10秒左右，能交替用左右脚跳绳，或者用球棒击球，能用双手接住空中抛来或反弹过来的网球，能把网球投进2米远的废纸篓里（但精准度不是很高），能双手抓住单杠或横木垂悬10秒钟，能传运大球等。

一些孩子还开始尝试游泳，不过，这需要大人的监护。运动的耐力和灵活性有较大提高。此外，还会模仿大人的样子，会做些简单的家务，如扫地、擦桌子，且能使用碗筷，但孩子无论干什么活，似乎都缺乏一定的耐性。此时，作为父母，我们要尽量经常带孩子参加一些娱乐活动，让孩子有宽敞的空间舒展自己的身体，并且要有意识地提升他们的运动能力。

总的说来，这一阶段的儿童的运动耐力和灵活性都有较大的提高。

2.手部动作发育

5~6岁的学龄前儿童的精细动作也有了很大的提升，手和手指的控制能力不断增强，主要表现在两个方面：能照顾自身，能用刀切食物，能自己系鞋带；能画一些简单的事物，比如，人的头、躯干、胳膊、手、腿、脚六个部分，会写一些数字和简单的汉字。这些技能的提升考验孩子的注意广度，对更为复杂的手部运动的记忆力以及实施动作的灵巧性都明显增强，儿童也会因为能控制身体而获得成就感。

5~6岁的学龄前孩子，有了一定的自理能力。他们在幼儿园已经能够自己使用餐具，而且能自己盛饭，能自己端食物，也能自己喝水，能自己倒大杯饮料；每天也能自己刷牙洗脸和梳头；洗澡的时候，自己可以调节热水器水温和水流大小；能清晰地分辨衣服的正反面且可以自行穿脱衣服，可以自己系鞋带；讲究个人卫生，大小便后知道冲水，便后洗手；在家人的要求下每周能够做一次家务，比如扫地、倒垃圾、整理报纸等。

随着知觉、语言、记忆力以及精细动作能力的提高，儿童的绘画与书写能力都有了进一步的发展。5岁时，大部分儿童都会使用成人的握笔姿势和一个相对稳定的角度进行绘画和书写。他们在画中学会表达更多的现实意义，如在画人的时候会添加上人的特质，如眼睛、鼻子、嘴巴、头发、手指和脚，并在轮廓内着色。从简单的几何图形（圆、三角形、正方形）到简单的图画，他们能画出自己认识的东西。到6岁时，多数儿童可以写出字母，照着字帖能够写几个简单的字，写自己的名字，能写从1到10的数字而且写得十分清楚。但是，他们的字体

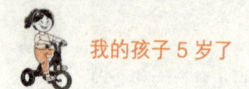

我的孩子5岁了

很大,因为他们使用整个手臂来写字,而不是靠手腕和手指用力。当铅笔断了,他们会使用转笔刀来削铅笔;写错时,也会使用橡皮擦除。

除此之外,儿童可以沿对角折纸,能够从厚度不超过5~6毫米的纸上剪下图片,用锤子往软木里钉钉子,自行将绳穿入大针并进行缝合。

这一期间,家长应多鼓励孩子动手实践,通过画画、折纸、剪贴等手工活动,进一步促进脑功能发展,掌握正确的写字姿势和执笔姿势,为上小学早早打下良好基础。

总之,家长应尽量给孩子创造良好的活动场所和手部活动机会,经常带他们到儿童乐园及较宽敞的活动场地活动,有意识提高他们的运动能力和动手能力。

5~6岁孩子注意力发展的特点

在生活中,一些父母发现孩子到5~6岁以后,就开始有这样一些表现:坐不定、立不定,每件事都只有5分钟的兴趣,因而怀疑孩子是否得了多动症。孩子的这种表现恰好反映了这一时期孩子注意力发展的特点。

注意力是指心理活动对一定对象的选择和集中,如聚精会神、专心致志、注视、倾听。研究表明,孩子不专心具体表现为：喜欢打断别人谈话或抢答；无法记住所有指示，常发生做错或者漏掉不完整的情形；语言表达或文字能力较不完整，想到哪说到哪，所以会影响语言及文字组织的能力。

注意包括有意注意和无意注意两种。有意注意是自觉的、有目的的注意，需要一定的努力才能做到。无意注意则是自发的，不需要任何努力的。譬如幼儿园教师教小朋友画画，这时就需要有意注意，小朋友要仔细地看，认真地画。突然窗外响起了鞭炮声，小朋友的注意力会不约而同地转向窗外，这就是无意注意。正是这种无意注意干扰了有意注意，使老师的上课内容不能进行下去。

在婴儿时期以无意注意为主，但随着年龄的增长，生活内容的丰富，活动范围的扩大，逐渐出现有意注意。5~6岁的孩子，开始出现一种探究心理，有探察一切的愿望，喜欢东看看、西摸摸，只要是新鲜的东西，都会引起他们的注意。

这一阶段，孩子开始从无意注意到有意注意迅速发展，孩子能听故事能回答问题；讲故事能模仿动作，能保持注意和记忆。

对于孩子来说，注意力是他成长道路上绝对不能被忽略的一项能力。孩子游戏玩耍时需要注意力，否则无法体会到酣畅淋漓的快乐；学习时需要注意力，否则无法真正学习到知识；在与人交往时也需要注意力，只有这样才能与他人建立起最基本的联系……对于孩子来说，良好的注意力可以帮他打开

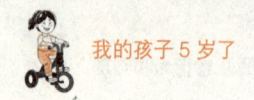

心灵的窗户，让他能更广泛、更深入地接触、认识并了解这个世界。

正因为如此，法国生物学家乔治·居维叶说："天才，首先是注意力。"俄国著名教育家乌申斯基这样评价注意力："注意力是我们心灵的唯一门户，意识中的一切，必然都要经过它才能进来。"就连伟大的革命导师马克思也同样表示："天才就是集中注意力。"

孩子注意力不集中行为，7岁之前是潜伏期，7岁之后是凸显期，6岁之前是最好的有效改正孩子注意力问题的时期，如果等孩子到7岁以后进入小学时才发现，这时已经错过了最好的纠正时期。在6岁之前有意识地培养孩子的注意力可以从以下几方面入手：

1.需要遵循的原则

（1）循序渐进原则。父母应当了解孩子在这一时期的特征与个性，找到与之相适应的一些培养孩子注意力的方法。

（2）游戏性原则。孩子都爱游戏，父母要懂得寓教于乐，在游戏中引导孩子感受、体验注意的必要性，培养其注意力。

（3）家园同步原则。注意力的培养具有潜在性、反复性的特点，强调紧密配合达成教育的共识，采取家庭与幼儿园同步教育的措施，形成强大合力。

2.培养孩子注意力的具体方法

（1）情绪感染法。父母要运用形象的语言描绘，为孩子创造情境，使孩子体会倾听的感受，集中注意力。

（2）意志训练法。孩子与同伴交往中能获得意志力训练，也就是在别人说话时不要打扰别人。

经教育专家研究指出，以上这些原则和方法，能有效地促进孩子注意力的发展，提高孩子自身素质，促进孩子良好个性品质及身心健康的协调发展。

另外，针对孩子的学习，我们还应这样锻炼孩子的注意力：

（1）明确学习目的。实践证明，孩子对学习的目的性越明确，注意力越容易持久。

（2）培养兴趣。孩子对某项内容发生兴趣时，注意力容易集中而且持久，故孩子教育的形式应多样化、形象生动。

（3）劳逸结合。经5~10分钟的学习后要让孩子有几分钟的自由活动时间，切忌连续作战。

（4）创造良好环境。学习时尽量保持室内外安静，成人不要在屋内多走动，不要与孩子讲与学习内容无关的话。成人看电视应有所节制，在孩子学习时最好不要看，或应调低音量，以免孩子分心。

由于言语的发展，这一阶段的儿童开始能做到使自己的行为服从成人的要求，有意注意逐步发展。但这时有意注意的稳定性较差，易受外界因素的干扰而分散、转移，能集中注意力的时间往往只有5分钟，所以不要以为这些孩子得了多动症。

总之，5~6岁是孩子有意注意迅速发展的关键期，可以加

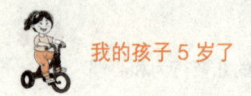

入注意力的启蒙训练,培养视听注意的习惯。无论如何,我们要知道,天才,首先是注意力,而专注力是一种习惯,而习惯要从小培养,抓得越早,后面效果就越好。

5~6岁孩子将面临哪些挑战

孩子到了5~6岁,即将从幼儿园升入小学,生活重心将从游戏为主变成学习为主,加上新的环境、学历压力等,因此,5~6岁是孩子人生路上遇到的第一个挑战。我们先来看看下面这位妈妈的经历:

我的女儿莉莉今年6岁了,她长着一双洋娃娃般的眼睛,很讨人喜欢。以前她跟爷爷奶奶住,但这两年我认为女儿要上小学了,要自己带在身边,不然孩子不适应。

这个暑假过完,女儿就要上小学一年级了,这对女儿来说是一个挑战,所以暑假的时候带女儿参加了一个幼小衔接课程,希望能帮助孩子顺利度过这一阶段。

这个课程班里有不少和莉莉一样的孩子,他们上课的时候,并不是和幼儿园时候一样玩游戏,而是认真听课,所以短短一个暑假的时间,我发现女儿学了不少知识。

一个周末,我和莉莉去爬山,年龄逐渐增大的我一运动就不行了。阳光洒在我脸上,一路上我都在内心盘算着晚上回

第 01 章

5~6岁学前期：父母一定要懂的儿童行为和心理

去要敷几张面膜。原先以为莉莉也会喊累，但是她反倒鼓励我："Trouble is friend；困难就像弹簧，你强它就弱。"一路给我打鸡血！她在路上看到水，就喊"Water"；看到花就说"Flower"，走几步路就回头问我："How do you feel now？"

原来女儿都学到了这么多单词了，虽然有点蹩脚，但是已经有很大进步了，我开心极了。后来，莉莉升入一年级后，我发现她的学习能力确实很强，成绩也不错。

的确，对于5~6岁的孩子，学习能力和模仿能力都特别强，他们的认知能力也一天天变强。家长千万不要认为孩子太

我的孩子5岁了

小,就不需要太过重视儿童教育了,给5~6岁的孩子提供完备的儿童教育,可以帮助孩子形成良好的学习习惯,也进一步帮助孩子形成正确的三观。

那么,对于5~6岁的孩子,他们要面临哪些挑战呢?

1.适应性问题

孩子要进入小学,首先就要适应,适应不了就没办法认真学习,我们从第一天到校一个个红眼圈就能看得出来。

孩子们对于新校园、新班级、新老师、新同学还都很陌生,小小的心灵需要一段时间来适应。同时,所有的课业要求也同之前不同了,孩子心里多少有些小忐忑,所以,我们父母要在孩子入学前就帮助孩子做好心理建设,帮助孩子尽快适应。

2.作息规律调整的问题

孩子在幼儿园时期的作息与上小学时的作息不一样了,上小学后,基本上7点40就要到校了,很多孩子中午不方便回家,只能在学校吃小饭桌。整个中午不到两个小时的休息时间,吃了饭,没有地方午睡,下午还有三个小时的课,对于这么小年纪的孩子来说,在精力上绝对是挑战。

因此,在幼儿园大班放暑假的时候,就要让孩子养成良好的作息规律,晚上早点睡,保持充足的有质量的睡眠,这样以有效保证白天的学习状态。

3.社交问题

孩子上小学后,周围的同学与幼儿园时不同,且学习环境也有所不同,这都需要给孩子一定的时间去适应,尤其是在学龄期孩子的社交能力也将得到一定程度的发展。一年级还是互换性的社交,也就是有好东西愿意分享给自己喜欢的伙伴,得到了好处就愿意去回馈,这个时候的社交不会具体固定到一对一,还处于群体友谊。所以完全没有必要担心孩子孤单哦!有一群小伙伴的陪伴,孩子们的适应性会更强。

4.学业问题

孩子到了一年级,学习任务是比较单一的,相对比较好处理。只需要培养孩子上课的专注力,课后及时完成作业的积极态度就好,其他不用过早涉及,譬如各种补课。这个时候只需要培养好孩子的学习能力,让孩子爱上学习,有兴趣不排斥,有一定的方法,知道配合老师就好。

5.作业负担

记作业是一项基本功,写作业是一项基本能力。孩子在幼儿园时在作业方面并没有什么负担,而到了小学后,写作业是必须承担的一项学习任务,对此,我们家长不必陪伴孩子做作业,要让孩子独立完成,以此培养他们独立学习的能力。

很多孩子到了5~6岁,就要面临入学的问题,对此,一些家长时而欢喜时而忧,其实大可不必,每个孩子都有不一样的色彩,让那个孩子从容、自信地走进学校就好,我们需要做的就是陪伴和适当引导!

第 02 章
5~6 岁要进行心理断乳：独立性对孩子的成长至关重要

孩子到了5岁以后，在认知活动方面，无论是观察、注意、记忆过程，或是思维和想象过程，都有了明显的提升。比如，在观察图画时，5岁后儿童已不再是胡乱地看，而是能够按照一定方向或路线（如从上到下，从左到右）依次扫视，因此，这时候的孩子思维正在逐步走向独立。我们父母了解孩子在这一时间段的特点后，就要明白一点，此时已经可以帮助孩子进行心理断乳了，这对孩子的成长至关重要。

5~6岁孩子的脑部发育特点

在谈到这一问题之前，我们先要分析人脑是怎样发育的，先说说脑细胞的特点。脑细胞在人体内属于"分裂后细胞"。这种细胞演变的一般规律是：在胚胎和胎儿时期，细胞通过分裂，数目增加占优势，逐渐地细胞裂解减慢，数目增加不多，而代之以细胞大小的增长为主。出生后一定时间，细胞就停止分裂，数目不再增加，只会减少。到成年后，不但数目，连大小也都不再增长了，随着老年的到来，会出现部分细胞的萎缩和死亡。

现在资料表明，孕妇大概在怀孕的第8周，孩子的大脑皮层就能大致看到，大部分脑神经细胞都在出生前分裂形成。在第10~18周增加极快，这是脑细胞增长的第一个高峰，到第23周时，大脑皮层的细胞结构基本成型。

孩子在出生时，脑细胞重量大概有350克，而在出生后的第一年，孩子的脑部发育极快，第三个月迎来第二个高峰，这主要是神经胶质细胞的分裂。1岁末脑重猛增到1000克，7岁时1300克，成年时1350克，到这一阶段，孩子的脑细胞开始停止分裂，不过也有学者认为，脑细胞停止分裂在2岁就达成，但无论如何，我们可以说，孩子的脑部发育在前2岁尤为重要。

另外,从智力增长角度看,孩子的童年是大脑和智力发育的关键时期,对此,有研究表明,如以17岁少年的智力发育水平为100%算,那么4岁时已有50%的智力,8岁就有80%的智力。

因此,可以说,孩子到了5岁时,大脑的发育发展也较快,到6岁时,已达1250克(成人脑重约为1400克)。大脑的功能也大有发展,大脑神经结构也趋向成熟。但这一时期,孩子神经系统的兴奋和抑制还不平衡。

另外,这一阶段的孩子,他的记忆力会有所提高,但相对于十几岁的孩子来说,在这个阶段中是不会完全发育成熟的,所以家长不要有太高的期望。

总的来说,根据5~6岁孩子的脑部发育特点,为了促进孩子的智力发育,我们应当引导孩子注意以下这些问题:

1.养成良好的生活习惯

生活习惯主要有:自我管理、认真负责、积极乐观、坚持运动。良好生活习惯不但要培养孩子做家务,还要有良好的作息习惯,讲究卫生,尊敬师长,不玩手机等等。俗话说,最好的教育是陪伴孩子,为孩子创造一个和谐的家庭环境是父母最主要的教育要素。

2.保证充足的营养

这一时期孩子的营养状况、环境影响等因素直接关系到大脑和智力的发育。

许多实验已表明,幼时营养不良会造成脑发育缺陷,这种损害,还可能影响到下一代。许多学者指出,在婴幼儿的头几年里,如果没有足够的营养和促使智力发育的外界刺激,就会使智力的发育受到抑制和损害。

在巴西的一个州进行调查,有20万母亲,由于童年期缺乏蛋白质,她们的智力发育低于12岁正常儿童的水平。有报告指出素食的妇女生养的婴儿,可产生不可逆的脑疾患,感情淡漠,丧失控制头部稳定的功能,出现手和腕等的不自主运动,甚至出现昏睡状态。经检查认为是由于母亲及其奶中缺乏维生素B_{12}等所引起。

以上事实表明,在脑发育期间,加强营养供应是非常重要的。那么,大脑需要哪些营养物质呢?大脑需要的营养素有糖类、蛋白质、脂类、维生素B_1、PP和C,微量元素等。糖类一般都能充分摄取,除此以外,要充分地摄取蛋、牛奶、肉类等蛋白质价高的食物,牛油、咸肉等脂肪含量多的食物,矿物质、维生素含量多的四季蔬菜、水果等。

3.养成良好的学习习惯

学习习惯主要有:喜欢阅读、勤于写作、善于表达、勇于质疑、用好媒介。五六岁正是从游戏阶段到学习阶段过渡的时期,孩子难免不适应,家长应当多培养孩子学习的兴趣,一旦孩子对学习有兴趣,学习成绩的提高就成功了一大半。从小就培养孩子尊重知识、尊重书本的习惯是孩子成长的重要基础。

有些孩子通过趣味性很强的速读记忆训练工具培养了阅读的兴趣，获取了广泛的知识。

4.养成良好的运动习惯

身体健康是非常重要的，身体健康孩子才能顺利完成学业，并保证大脑运转灵活。应当让孩子多参加一些运动，比如和家长一起散步、打乒乓球等，有助于孩子提高免疫力，还能提高大脑等各方面的机能，让孩子更聪明，也有利于孩子更好地学习。

大人常讲"三岁看老"，你可能觉得这没什么根据，几岁的状态和几十岁的生活能有什么联系？但事实上，童年时期受到的教育，对人的成长很重要，品质和习惯的养成、对世界的认识、解决问题的思维和方法，都是在很小的时候就打下了基础。而人的一切行为都由大脑控制，5~6岁是大脑的快速发育期，大脑在这段时期的发育情况，其实是为一生的发展奠定了基础，我们父母不得不引起重视。

父母要重视培养孩子的独立人格

前面，我们已经分析过，孩子到了5~6岁以后，大脑发育逐渐趋于成熟，且逐步走向独立，这时候孩子对于想学什么、玩什么等都有了自己的主意。尊重孩子的想法，是孩子早期教育的重要部分,有助于培养孩子独立的人格。而我们发现,生活中,可能很多父母都会认为,孩子只要听话、省心就好。然而。这样的孩子只能生活在父母的臂弯里,因为没有主见,更不能自立,这样的孩子是无法真正立足于社会中的,也很容易迷失自己。

"我爸爸非常专横。他不和别人讨论任何问题。他只是表明他的观点并宣称其他人都是愚蠢无知的。他总是试图告诉我该思考什么,该去做什么,如何做每一件事。小时候就是这样,我清晰地记得,六岁那年,幼儿园举办毕业典礼,我想穿条黄色的裙子,可是他非让我穿粉色的,我皮肤比较黑,根本不适合粉色,我就这样穿着那件讨厌的粉裙子在舞台上为大家表演,我觉得自己像个小丑,我发挥得不好,回去后他又批评

我。自从那件事后,我不愿意和他说话了,长大了还是这样,他总是企图掌控我的一切,到最后我只能对他的任何话都充耳不闻。"

这是一个女孩的心声,或许很多孩子都有过这样的经历,做父母的很容易因为自己的身份和智慧而变得过于自信,而在毫无察觉的情况下做出一些宣告、决定和断言,压制了孩子日益成长的寻求自身对事物独立看法的要求。这实际上是要让他按照你的观点和价值观来生活。这种"统治方式"造成的结果无非有两种,孩子的叛逆或者自卑、没主见、不自信。家长要明白,你越是将自己的观点和价值观强加于他,并自以为他会与你分享,他拒绝接受的可能性就越大,即便一个较小的孩子也是如此。

实际上,5~6岁的孩子已经有了一定的独立意识,此时正是培养他们独立人格的最好时机。我们希望孩子能听话,但孩子不是我们父母的私有财产,如果希望孩子样样服从自己的安排,结果将会适得其反。家长在言行上的矛盾教育常让孩子无所适从。家长在学习家庭教育理论知识的同时,还要善于反思、总结,不断提高自己的素养,转变自己的旧观念,把理论灵活地运用到实践中去,才能有好的效果。

我们父母需要在日常生活中培养孩子的独立人格,具体来说,我们需要做到:

1.尊重孩子的爱好,鼓励他做自己喜欢做的事

5~6岁的孩子毕竟还是儿童,没有什么定性,一会喜欢做做这个,一会试试那个,家长便会担心孩子无心学习,或者染上什么不良的习惯等等问题。有时候,我们越是干预,越是阻止,孩子越是会义无反顾地去做。其实,我们应该做的,首先就是相信他,你要告诉他,无论你选择什么,爸爸或者妈妈都相信你,但是你也要做出让爸爸妈妈相信你的事情,在保证学习不受影响的情况下,爸爸妈妈允许你做自己喜欢的事。

2.给孩子表达意愿的机会

相当一部分家长认为孩子还小,也习惯于事事为孩子做出决定,而少有征求孩子的意见;一旦孩子不遵从,就大加责备。其实,家长在任何时候都要注意让孩子充分表达自己的意愿,给他自主表达思想的机会。

孩子是喜欢探索的,作为父母的我们,要学会引导他们的想法,而不是一味地压制和制订规则。如果你总是不许这个,不许那个,那么,孩子很有可能变成什么都不敢尝试的懦夫。

3.不要总是命令孩子

很多家长在要求孩子做事时,往往喜欢使用命令句式,因为他们以为孩子天生是听话的,应该由别人来决定他的一切,如"就这样做吧""你该去干……了"。而这种语气会让孩子觉得家长的话是说一不二的,自己是在被强迫做事,即使做了心里也不高兴。

家长不妨将命令式语气改为启发式语气，如"这件事怎样做更好呢""你是否该去干……了"，这种表达方式会让孩子感觉到家长对自己的尊重，从而引发孩子独立思考，按自己的意志主动处理好事情。

4.让孩子随时随地自主选择

家长对孩子自主选择的尊重，可以随时随地体现在最简单的日常生活中：

（1）吃的自主。当孩子能力所及时，在不影响他饮食均衡的情况下，家长可以让孩子自己选择吃什么。例如在吃饭后水果时，家长不必强迫孩子今天吃苹果，明天吃香蕉，而让孩子自己挑选。

（2）穿的自主。孩子也喜欢好看的衣服，家长带孩子外出玩耍时，在保证安全、健康的前提下，可以让他自己决定穿什么衣服，切忌随自己喜好而不顾他的感受。

（3）玩的自主。不少孩子在玩游戏时，并不想让成人教给他们游戏规则，更愿意自己决定游戏的方式，并体验其中的乐趣。家长可让孩子自己选择玩具和玩的方法，这样做可以极大满足他的自主意识，帮助他成为一个有主见的人。

当然，我们家长不给孩子制订太多的规则，不代表没有规则。具体事情要具体对待，可根据他出现的问题临时性给他制订规则，但一定要征求他的意见，请他参与到规则制订中来。

5~6岁孩子独立动手能力增强

在孩子成长的过程中，培养出他的动手能力，可以让他获得自理能力、学习能力，还能促进大脑发育，加强他的专注力、思考力，因此它属于儿童教育中非常重要的一环。

前面，我们提及，孩子到了5岁以后，已经具有一定的平衡能力，动作协调、灵敏，且独立动手能力增强，这表明此时孩子的认知能力获得了很好的发展。专家认为，孩子5岁以后，精细动作应该能达到下列指标：

熟练使用筷子；

会使用剪刀；

自己能系鞋带、扣纽扣；

能专注地、动作协调地将蜡烛一根根地插在蛋糕上；

能按正确的方法将被子叠起；

用正确的方法将护肤油均匀地涂抹在脸上和手上；

能熟练地将衣服叠好、收放整齐；

比较熟练地折纸；

准确涂鸦、描红。

的确，大脑与手之间有密切的关系。科学研究证明：手的活动与精细的动作可以刺激大脑皮层的运动中枢，同时运动中枢又能调节手指的活动，运动中枢和手指反复地互相作用能促进大脑的发育及其功能的完善。著名教育家苏霍姆林斯基也说过:"儿童的智慧在他的手指尖上。"心理学家也一致认为手指是"智慧的前哨",这说明动作的发展多么重要。动手能力是一种最基本的而又十分重要的学习能力,父母在教育孩子,开发孩子智慧的时候,不妨从培养他的动手能力开始。

俗话说"心灵手巧",通过手部小肌肉的运动,可以初步判定个体的大脑皮层是否完整无损,所以说,手部动作能预报智慧的潜在基础和学习成绩。

在孩子5~6岁的时候,父母要着重培养孩子的动手能力,然而,我们看到的是,在独生子女家庭,全家围着孩子转,恨不得把所有的事情都替孩子做了,但是家长要冷静地想一想,这是真正的爱孩子吗?这样不仅不能培养孩子的动手能力,久而久之,还让孩子养成依赖的坏习惯,因为在他们的心中,爸爸妈妈早晚会为自己安排好的。这样的孩子不说人才,连最起码的自立的能力都没有,又如何应对未来竞争激烈的社会呢?

幼儿园开家长会,老师特意向孩子的父母布置了一项家庭作业——教会孩子剥鸡蛋皮。一位妈妈在下面小声地说:"这多为难孩子啊,我家女儿还不知道鸡蛋长什么样呢!"老师觉得很奇怪,孩子都这么大了,怎么会不知道鸡蛋什么样子呢,那位妈妈继续说:"我总怕煮鸡蛋的蛋黄会噎着她,到现在还一直只给她吃鸡蛋清。"在场的老师和父母们都惊呆了。

这位妈妈真的很爱自己的女儿,在日常的生活中大包大揽,什么事都替孩子做好,孩子上幼儿园了连鸡蛋的样子都没

见过。这样的爱摧毁了孩子的动手能力,最终将会导致孩子一事无成。

从这个原因出发,家长应该了解到该如何培养动手能力强的孩子了。这个其实并不难,家长不要事事代劳,鼓励孩子自己动手,生活中提高孩子动手能力的方法有很多种:

1.让孩子在日常生活中学会自理

孩子学会走路之后,活动范围明显扩大了许多,这时的孩子非常愿意做些事情。但是他们手、脚的协调能力还不完善,做起事来常常"笨手笨脚",家长千万别因嫌孩子麻烦或碍手碍脚而剥夺他们学习劳动的机会。家长可以耐心地、反复给孩子做示范,让孩子跟着模仿,慢慢地就会从不熟练到熟练,最后灵活自如了。可以教孩子逐渐学会自己系鞋带,脱衣服,放被褥,收拾自己的房间,洗一些简单的东西,等等。

2.鼓励孩子力所能及地帮助别人

家庭生活是一种集体生活,也可以看做社会的缩影,家长要引导孩子多为父母做些事情,可以是一些很小的事情,如扫地、擦桌子、洗碗筷,等等,从小培养孩子为他人着想的意识。

3.培养孩子对于益智游戏的兴趣

也许很多父母认为,益智游戏是男孩的专属,但正是这让男孩在动手能力上强于女孩的原因,让女孩也投入游戏中,正是为了弥补这一差距。

在人的智能结构中,孩子的很多知识技能都是在操作中习得的，其中就有思维活动，因此，我们要多为孩子提供动手操作的机会，这样既满足了他们动手的兴趣，又锻炼了孩子的思维能力。并且，孩子最感兴趣的操作方式是游戏。游戏是幼儿运用智慧的活动，在游戏中孩子的感知觉、注意、记忆、思维、想象都在积极活动着，孩子不断地解决游戏中面临的各种问题，这能活跃孩子的大脑，提升孩子的注意力、记忆力、思维力、想象力的发展，同时也促进孩子动手能力的发展。

4.父母要善于称赞孩子

当孩子努力去做了，或做得很好时，家长要立即予以称赞和鼓励，以调动孩子的积极性，增强孩子的自尊心和自信心。这种称赞尽量不要以实物的形式，比如给孩子买玩具，买好吃的东西等，因为这样容易刺激孩子的虚荣心，时间久了，反而会阻碍孩子的健康成长。

总之，生活中处处都有机会，孩子的动手能力随时都可以培养，父母要从传统的价值观中走出来，鼓励孩子多玩，在玩的过程中让他多看、多听、多想，关键是多动手，把孩子培养成为一个自信、乐观、有创意、心灵手巧的人！

呵护孩子，切记不要用力过猛

作为父母，我们都知道，早期教育对孩子成长极为重要，

"重要"指的是它是一个人发展的奠基时期，许多重要能力、个性品质在这个时期形成基本特点；"特殊"指的是这个阶段是儿童身心发展从最初的不定型到基本定型，转而可以开始按社会需求来学习并获得发展的过渡时期。我们都爱孩子，然而，我们的爱未必用对了方式，曾有一项调查显示：没有一个中国家长不爱自己的孩子的，但是"有超过90%的家长都认为自己对子女的教育是不成功的"。这一调查表明中国父母对子女的爱，还没有落实到正确的观念和有效的方法上来。也就是说，中国父母对孩子的爱是迷茫的、无措的。一些父母甚至在爱孩子上用力过度，他们对孩子有求必应，尽量满足孩子的各种要求，事事为孩子代劳，对孩子的坏毛病视而不见，甚至舍不得让孩子吃一点苦等。这些做法都是错误的，因为这种教育方式下的孩子会变得任性自私、唯我独尊、依赖性强，缺乏良好的行为习惯和道德品质，这样骄纵和保护孩子，对孩子的成长是极为有害的。

有一位母亲，她和丈夫经营一家公司，家里自然富裕，女儿从小都有专人伺候。在幼儿园里，大家学习如何系鞋带，而她怎么也学不会，她的父母也未曾关注这些问题，依旧上学放学专车接送，饭来张口，衣来伸手，而女儿显然已经习惯了这样的生活。但商场如战场，在金融危机中，她的公司也卷入了这场金融风暴中，很快倒闭了。再也没有司机接送，没有佣人伺候生活起居，前后生活的差距让这个女孩无法接受，在花一样的年纪选择了放弃生命。

这是一个令人遗憾的故事。诚然，孩子5~6岁的时候，正是需要父母呵护的时候，但即使物质条件再充裕，我们也不能从金钱上培育，真正的早期教育，是爱的呵护，是品质的精心培育。骄纵和过度保护的孩子，任性、娇纵、难管，而且不懂关心他人、不知感恩父母、耐挫意识弱、自制能力差。现在社会，很多孩子动辄厌学、出走，甚至自杀、行凶等现象屡见报端，这都与父母错误的教育方式有一定的关系。

在家庭教育中，孩子自身的弱点严重地影响了其成长的进程，家长要寻找其根源，找出解决的方法，帮助他们顺利地成才以促使家长早日完成望子成龙的夙愿。

为了避免过度呵护孩子，我们家长需要明白几点：

1.要培养孩子有正确的心态

有句话说得好，"与其在夕阳西下的时候做美妙的幻想，不如在旭日东升之际勤奋投入工作；与其在垂暮之年因理想未能实现而懊悔不已，不如趁风华正茂之时躬身实践、奋斗不止"。家长教育孩子也是这样，我们教育孩子，一定要从孩子的幼年开始，让他接受一些现实，比如家境不好，自己不要盲目攀比，关键是要用自己的知识和能力去创造这些财富。

2.不要满足孩子的所有要求

要让他意识到，任何东西都是付出劳动才能得来，没有理所当然的索取。现在很多家庭的独生子女比较自我、霸道，在

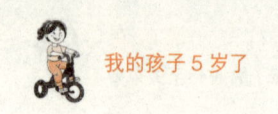

生活细节上还要学会对孩子有所保留,孩子要"十分",给个"六七分"就好,必要的时候跟他讲讲条件。

3.不要过分的关怀

每当家长送孩子到校时的那种恋恋不舍、反复叮咛和犹豫不定的言行,使孩子知道了"妈妈舍不得离去",自己心里产生了依恋心理,亦不舍得妈妈离去,时间长了,孩子的软弱性格慢慢形成。

4.不妨做一个"懒妈妈、懒爸爸"

其实,5~6岁的孩子已经有一定的自理能力了,也可以做一些家务,而大多数爸爸妈妈太勤快,剥夺了他们劳动的机会,才使孩子变得好吃懒做。

另外,要促进孩子单独生活,适应社会的能力,这种促进要随着孩子的成长越来越多,千万不要凡事包办,养成孩子的胆小怕事和依赖心理。

总之,对于5~6岁的孩子来说,正是对他们进行早期教育的最佳时机,此时我们可以适度放手,给孩子独立成长的机会,而不应该过度呵护孩子,让孩子失去成长的机会。家长对孩子的保护应随着孩子年龄的增长越来越少,由原来的搀着走,变为半扶半放,最终使孩子能够大胆地去走。

适度放手，给孩子"独行"的机会

人是社会的人，每个人都要逃离父母的怀抱，去经历社会的洗礼，可以说，父母放手得越早，孩子独立得就越快。诚然，保护孩子是父母应尽的职责，而父母更应该给孩子"放行"，让孩子直面困难，处理发生在自己身上的生活事件，这样，孩子才能由立变为自强。

对于五六岁的孩子来说，虽然他们还年幼，但是已经有一定的独立思考能力和行为能力，对事物也有了自己的判断力，为此，我们可以对孩子适度放手，这是训练孩子独立的最早时机。

然而，在现实生活中有很多的父母，他们总是千方百计为孩子遮风挡雨，不愿看到孩子有一点点失败和挫折。殊不知这样做却是在孩子成长的道路上埋下了一个温柔的陷阱。只有在实践中才能锻炼人的能力。

而现实生活中，有很多家长有这样的心理：

"我经常不允许孩子做一些同龄人可以做的事情，因为害怕他会出事。"

"我有些过分担心孩子的健康。"

"如果孩子的要求我不能够接受，我会说：'这个要求，我不能满足你。'"

"当孩子还没有按照我的期望去做的时候，我会感到不安。"

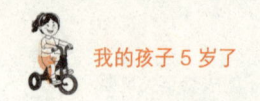

"别人说,我对要求的关心有时候被认为是过分夸大的。"

"我喜欢孩子按照我的吩咐去做事。"

"我在过马路、在外面吃饭的时候,常常会想起孩子。"

"孩子常常向我抱怨,其他孩子是如何自由,他们的父母是如何宽松。"

"我无法接受孩子从小要吃苦的观点,那是没有实际经验的理论。"

"孩子就应该是孩子,我不会让他出现在和他年龄不符的场合。"

现在,一个家庭只有一个独子,许多家长"望子成龙"心切,肯于对孩子进行智力投资。然而他们往往容易忽视最不起眼的、也是最重要的一点,就是培养孩子的自立能力。一些家长过分溺爱孩子，即使是孩子力所能及的事情，也总是越俎代庖，很少让孩子自己去做。可以断言，在这样的环境中长大的孩子一定是弱者。这样的父母看似爱孩子，实则害孩子，只能导致孩子做什么事情都离不开父母，让父母帮他做抉择，又怎么能有自己的主见，能够独立处理一些事情呢？在父母强势的包办下成长的孩子缺乏自立意识！

孩子在幼年时能够亲自处理自己身边的各种事情，称之为自立。自立意识是儿童逐步走上成人之路、适应现代社会环境所必须具备的品质。孩子不可能永远是孩子，他们将来必定要走向社会。而未来的生活道路也不可能总是一帆风顺，没有坎坷。一个自立能力强的孩子，在他未来的生活道路上，往往敢于搏击生活，主宰自己的命运；相反，缺乏自立能力的孩子，则常常表现出没主见，胆怯怕事，依赖性十足，意志薄弱，经不起一点小小的挫折。可见，从小注意培养孩子的自立能力是十分重要的。

培养孩子的自立能力，就要给孩子"放行"，给孩子一个"独行"的机会，专家建议：

1.要给孩子提供独立活动的机会、场所和环境

让孩子独立活动，用自己的能力去做力所能及的事。家长适时给予指导和鼓励，从而提高孩子的自信心，增强孩子的独立性，使其主动地去发展自己的能力。

"我的儿子6岁那年，干什么事还都离不开父母，后来，

我有意地把一间小屋交给孩子安排。经过一段时间的训练,他不仅敢一人睡一间屋,而且还学会了铺床、叠被、整理房间,从依附向独立迈出了可喜的一步。他经常领小朋友到他的'领地'来做各种游戏。那神情、那口吻俨然是一位'小老师',表现出一定的组织能力和表达能力。"

事实告诉家长们,为孩子创造独立活动的环境,能使孩子的独立性得到迅速的发展。

2. 要给孩子自己作出决定或承担责任的机会,提高孩子的参与能力

当今,随着科技的发展和日益激烈的竞争,我们家长也一定要给孩子提供一定的机会,让孩子在实践中增强参与能力,培养孩子思维敏捷、善于独立思考和应变的心理素质。

比如,如果有亲戚朋友来做客,可以让孩子去拿些糖果、糕点招待客人,鼓励孩子与客人交谈、提问、请教,带客人的孩子去玩耍,这样可以提高孩子的社交能力。又如,在商量家庭计划或者出去旅行时,可以让孩子参与讨论,并提出自己的意见。

当你认为孩子说的建议很棒时,不要吝啬夸赞孩子,这样可以帮助孩子树立自信心,解除孩子心理或身体上的拘束,减少口头表达能力上的障碍。同时,对孩子正确的意见予以采纳,保护孩子的积极主动性,促使其独立思考能力进一步发展。

3.要扩大孩子的生活范围，让他们养成独立观察和认识事物的习惯

5~6岁的孩子已经有了一定的认知能力，能独立观察和认识事物，而有些家长总对孩子不放心，对孩子的活动范围过多地加以限制，结果抑制了孩子主动性的发展，致使孩子习惯于一切坐等父母安排，生活自理能力差，遇到新环境、新情况就不知所措。所以，让孩子经常参加一些活动，有助于他们在心理上摆脱对父母的依附，同时可以开阔孩子的视野，增长孩子的见识，培养孩子的责任感、事业心、钻研精神和独立能力等。如节假日带孩子去野外踏青郊游的时候，你可以让孩子留心大自然的景象及其变化，让孩子运用他自己学到的语文、数学知识来解释周围的现象，并不断提出"为什么"，家长适时给予点拨。可以任孩子去跑、去玩、去交往，让孩子仔细观察人们的社会生活，人们是如何进行劳动创造的，从而激发孩子的劳动热情和创造欲望，使孩子的想象力自由驰骋，逐渐成长为一个大有作为的人。

总之，在孩子幼年，尤其是5~6岁的年纪，当他们有了独立行为的能力时，就给孩子放行，给他们独行的机会，有助于教会孩子自立的本领，比给孩子留下别的财富更为宝贵。

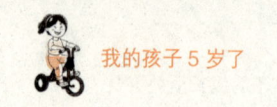

让孩子在故事里成长

生活中,我们一些父母发现,孩子到了5岁以后,好像变成了个小话痨,不仅叽里咕噜说个不停,而且还自编自导自演地讲故事,通常对着自己的玩具都能讲一大段故事。一些父母担心,孩子智力是不是出了什么问题,其实,孩子爱创造和叙说故事,是孩子这一阶段语言能力和想象力发展的表现。孩子到了5岁以后,在语言表达能力和词汇上,都得到了提升,并且,他们的思维能力,尤其是想象力也开始发展,比如,他们喜欢玩一些角色扮演的游戏,然后加入自己设计的情节,比如,他们经常模仿成人的行为,模仿老师给学生上课,模仿家长教育孩子,模仿医生给病人看病。又或者将一些日常活动比如吃饭、购物等,编成游戏。到了5岁以后,孩子在游戏中的组织性和规则性会逐渐提高。

一些父母认为,孩子喜欢游戏会耽误以后的学习,其实,这并不是坏事,反而对孩子的成长大有裨益。

我们也发现,在很多幼儿园都有讲故事的活动,之所以一直延续下来,当然有其存在的理由与意义。首先,儿童讲故事可以锻炼自己的说话能力,这在时下重视交际的社会是非常重要的。

其次,孩子通过讲故事能够激发很多情感,例如善良之心、同情之心等。

再次,讲故事可以培养孩子开朗的性格,通过这种方式来敞开心扉，增进和伙伴之间的交流，远离自闭。另外，儿童讲故事可以扩大自己的知识面，让自己了解得更多，懂得更多。此外，儿童经常讲故事可以开发他们的情节创造力思维，展开他们的想象力，这对于日后的写作是非常有好处的。

其实，我们应该保护孩子的想象力和叙述的能力，鼓励孩子多去"自编自导自演"，为此，我们可以引导孩子看图讲故事，具体来说，可以这样操作：

1.不断提问，循序渐进地引导孩子想象

孩子5岁以后，已经能看懂我们给的图片了，此时，我们要让他们说出来图片的主题是什么，然后让其围绕主题不断提问，问他们"有什么""在干什么"等简单的问题，然后加深问题难度，到"是什么样的""是怎样做的""为什么要这么做"等。

2.语言引导，让孩子跟着一定的思路去讲故事

我们要让孩子明白，讲故事一定要明确故事发生的时间、地点，然后再描述人物角色，以及故事中发生了什么，且要用连贯的语言表达出来，做到有理有据有层次从而提高孩子的语言表达水平。

3.看图讲述，以形象的画面帮助幼儿掌握如何讲清一件事

对于5~6岁的孩子来说，一些有因果关系的图片他们已经能看懂了，我们给的图片要人物形象简单、突出，情节一目了然、色彩鲜明。

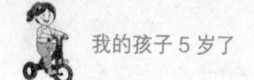

另外，我们家长要明白的是，孩子毕竟是孩子，对于语言的掌握能力和思维能力不如成人。为了让孩子对讲故事感兴趣，我们不妨先为孩子开个头，然后让孩子编故事的中间或结尾。在编的过程中，如果孩子编不下去了，家长要立即想办法启发他，帮助他编下去，但应注意尽量不要使幼儿受成人的想法所限制，要让幼儿自己去想象，培养他们的想象力。

家长在和孩子看图编故事时，首先要了解孩子喜欢听什么故事，其次是图片和故事要生动、有趣。一般来说，孩子最喜欢听的故事有三类：

一是经典儿童故事。

它可能是小神仙的故事、小动物的历险，或者是一些神话、寓言。这些故事虽然已经耳熟能详，但寓意深远，讲这类故事，能让孩子受益匪浅，且我们讲这类故事，要注意可以进行适当的改编，可以使孩子感受到现在与过去的关系。

二是父母小时候的趣味故事。

讲这类故事，能让孩子对父母小时候的事有更多的了解，能拉近亲子之间的关系，增加彼此感情。但是，父母必须很坦诚地描述，切不可弄虚作假。尤其是父母自己要具有较好的感受表达能力。

三是即兴之作。

这类故事虽然很随性，但也有一定的模式，比如，我们可以给孩子一些概念，如孩子、小动物或矿石、果菜，然后让孩子根据这些形象进行创造，给出合理的情节，但结局一般是圆满的，孩子也能从中获得一些启示。我们要注意，让孩子即兴讲故事，最好带有寓意，与社会价值有关联。实际上，训诫或教训若能以奇妙的故事方式表达出来，孩子最易接受。

作为父母，要知道，我们的孩子首先是用耳朵"阅读"，因此，家长最好能每天安排一个固定的时间为儿童朗读故事，可以是晚饭后或睡觉前。父母的朗读必须咬字清晰、语调抑扬顿挫且富有感染力，朗读不能完全照搬书中的文字，可根据故事情节增添一些形容词或象声词，培养儿童的倾听能力。

对于5~6岁的孩子来说，鼓励他们多讲故事，不但可以促进孩子智力的发育，培养他们的观察、想象、创造等各种能力，也能锻炼他们的语言表达能力和组织能力，同时，还有助于亲子关系的建立。一个爱编故事的孩子，不但思维敏捷，口语表达清楚连贯，与人沟通方面也会更显优势。

第 03 章
5~6 岁社交关系敏感期：注意帮助孩子解决社交问题

"结交新朋勿忘旧友，一如浓茶一如美酒，情谊之路长无尽头，愿这友谊天长地久。"这是一首儿童友谊歌，每个人都需要朋友，我们的孩子也是更是。5~6岁是孩子社交关系的敏感期，此时的孩子渴望交朋友，然而，因为自身的种种原因，比如自卑、胆小、脾气差等，孩子可能在人际交往中遇到一些问题，此时就需要我们父母为孩子进行引导，帮助孩子培养美好的个性品质，让孩子受益一生。

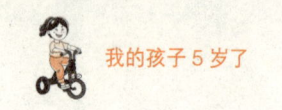

5~6岁孩子有渴望社交的共性心理

细心的父母可能发现，孩子到了五六岁以后，他们开始喜欢和小伙伴玩耍，面对生活中的情况，他们也能从容应对，也能关心他人，比如，在幼儿园看到同学摔跤了，他们会说："怎么样，疼吗？"或者开始关心父母："妈妈辛苦了。"这表明我们的孩子在保护他人情感方面，已经表现出明显的亲社会倾向，这是他们渴望社会交往的表现，另外，孩子的心理活动已经开始形成系统。他们开始具有良好的自制能力，对成人友善的批评也能接受，但是有时需要适当的提示。他们也已经开始学习管理自己的表情，在不同的对象面前有着不同的情绪表达。

总的来说，此时，孩子的心理活动不再是孤立的零碎的画面，而是在心理系统背景下的活动，各人有自己的特色。不过，应该着重指出，孩子期所形成的，只是个性最初的雏形，其可塑性还相当大。一些父母也已经认识到这一点，并开始着手培养孩子的人际交往能力，然而，在孩子成长过程中，由于受到了某方面的限制，而无法与别人进行沟通，比如不自信，那么敏感和脆弱就可能把这个孩子击垮，让他完全不能认同这个世界。作为父母，要起到桥梁纽带作用，帮助孩子完善自己的交际能力，让他自信起来。

然而，一些孩子因为性格内向，不自信，会有点害羞，外向的孩子可能在交往中比较大胆。气质性格类型没有好坏，只是表明了孩子对待世界的不同方式。但家长一定要注意孩子的心理成长，别把孩子的不自信当成孩子的内向和害羞，一旦发现孩子不自信，就需要根据孩子的特点进行引导，让孩子喜欢交往，擅长交往。但家长也不必过度担心，这个年龄段的孩子性格可塑性很大，及时正确引导，是完全可以达到效果的。

那么，家长具体应该怎么做呢？

1. 在日常生活中，要鼓励孩子与别人交往

注意帮助孩子接受自己和别人的情绪，教导孩子恰当地表达自己的情绪，促进孩子社会性的发展。与此同时，孩子探索的大门已经打开，爸爸妈妈要给孩子更多的视觉刺激，多带孩子到不同的地方游览，例如书店、古迹、画展、公园等。同时肢体的充分活动能激发大脑的活力，父母要尽量给孩子创造的机会。多陪孩子进行体育运动，例如跳绳、跑步，等等。

2. 多进行积极引导，避免强调孩子的弱点

如果家长朋友说"我的女儿胆子小、不自信、走不出去"，实际上这是强化孩子的弱点，结果是"胆大"的孩子更"胆大"，"害羞"的孩子更"害羞"。有的家长会有意无意地说："你看人家妹妹都会打招呼，你怎么都不会说呢？"这

样的比较，反而会对孩子幼小的自尊心产生伤害，让他们更加害羞，更加不愿意说话。所以您不要轻易去比较，要相信你的孩子就是最棒的。

当有其他人问候他时，您可以让孩子自己来回答，不必代替孩子来说。如果孩子不愿意说，您可以进行一些引导，如"小朋友跟你问好了，你该怎么回答啊？"当孩子自己与陌生人进行交流以后，逐渐就会胆大和自信起来。

3.教给孩子一些交往技巧

这是让你的宝贝逐渐自信起来的最佳办法。您可以教给孩子一些交往技巧。比如：带着有趣的玩具走到其他小朋友的身边，这就能吸引别人的注意；做与其他小朋友一样的动作，也会得到友好的回应；想玩别人的东西，就教孩子说："哥哥姐姐让我玩玩好吗？"让孩子自己去说，哪怕是您教半句，孩子学半句也好。如果得到了满意的回答也别急着玩，要让孩子学会说"谢谢"。如果得不到满意的回答，您可以打圆场，转移孩子的注意力。家长要明白，在集体里孩子是一定会经历失败的，父母现在教孩子一些交往技巧，以后孩子独立面对失败时就不会承受不起。

4.及时表扬你的孩子

我们的孩子都是脆弱的，他在交往中迈出的每一步都需要父母的支持与鼓励。当孩子能大胆与其他人进行交往时，及时的表扬会让孩子更加自信，更乐于去与别人交往。

5.让孩子多做些运动

研究表明，无论男孩女孩，运动能够增强孩子的自信心，发展孩子的交往能力。家长也不妨多和孩子玩一些体育运动，如球类游戏、赛跑游戏等。引导孩子学会交流的最好时机是在他进行最喜欢的活动的同时。一般来讲，在大人与小孩子或者孩子与孩子互动玩乐、运动的时候是孩子最放松的时候，也是引导他与人交流的最好时机。

一个会交往的孩子才不会孤独，身边也永远不缺朋友。家长需要交给孩子与人交往的本领，让你的孩子自信一点，这会让他受益一生！

社会交往能力最初是在游戏中形成的

现代社会，任何一个人都需要掌握一定的社会交往能力，一个人的价值很大一部分是在社会交往中实现的，而我们很多父母也已经认识到这一点，并开始着手培养孩子的这一能力。这一能力的培养越早越好，心理学研究表明，幼儿期是一个人社会交往能力的迅速发展时期，是其实现社会化的关键期。在这一时期幼儿通过交往，可以学会合作、分享、协调、助人等社会交往技能。

对于孩子来说，他们到了5~6岁的时候，在情绪特点上，

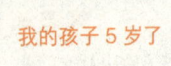

社会性增强是典型表现。不过,孩子毕竟是孩子,这一阶段虽然是从游戏性阶段到学习阶段过渡,但他们此时的社会行为还是从游戏中体现出来的,为此,我们要多为这一阶段的孩子创设此类游戏环境,以此提升他们的社会交往能力。

"我女儿5岁半了,很可爱,就是特害羞,碰到熟人也一样,有时甚至还会因害羞而哭闹。我也跟她讲了很多道理,可还是不管用。这该怎么办?"

这是一位漂亮妈妈对儿童心理学家说的话。其实,孩子到了5岁,正是他初步进行社会交往的阶段,孩子在这个阶段会学习如何来面对家人以外的人。在这之前他的身体还不够自如,语言表达也比较简单,更多地需要成人来猜测他的意愿。可以说,他的生活处处依赖成人。而孩子到了这个年龄以后,基本都开始上幼儿园,会接触到很多的同龄小伙伴,生活范围一下

子扩大了。这时,需要他们自己去面对很多的陌生人,需要一个适应的过程。

不过,我们对儿童的社会交往能力的培养,也要从游戏开始。专家指出:"幼儿园教育应尊重幼儿的身心发展和学习的特点,以游戏为基本活动。"德国幼儿教育家福禄贝尔在《人的教育》中也说道:"儿童早期的游戏,是具有深刻意义的,是一切未来生活的胚芽。"可见,游戏对于幼儿的发展有至关重要的作用。

正如福禄贝尔所说,游戏对于幼儿的发展有至关重要的作用。在幼儿园中,角色游戏最适合幼儿身心游戏发展的需要,是最具典型、最具特色、最具有社会性的一种交往形式。幼儿通过扮演角色,运用模仿和想象,体验并解决人与人之间的关系问题,从而排除自我中心,积极参与交往,求得与环境的融洽和谐。

那么,家长具体应该怎么做呢?

1.为孩子创造轻松的游戏环境

幼儿参与活动的愿望往往建立在游戏之中,为幼儿创设轻松愉快、毫无压抑的环境,才能激发幼儿去主动交往。在角色游戏中,因为没有了成人的直接旁观或干预,幼儿的心理环境通常是比较宽松的,容易沉浸在自己的游戏情境中,也大多流露出最自然、最真实的状态。观察中发现,无论是平常性格外向还是内向的孩子,在情绪稳定的前提下,大多数幼儿在角色

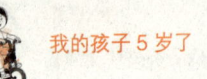

游戏中都乐于主动地与同伴交往，或是愉快地接受同伴的主动交往。

2.给予指导

我们给予适时地指导、启发，是发展幼儿交往能力的重要手段。专家指出："游戏是对幼儿进行全面发展教育的重要形式。"因此，我们如何指导幼儿游戏就显得尤为重要。我们指导游戏就需要介入到幼儿的游戏当中去，介入的目的是引导幼儿继续游戏，从而提高游戏质量，在角色游戏中，促进幼儿交往能力的发展。

3.创设与人接触的机会

除了游戏外，我们还可以带孩子参加故事会、联欢活动等，还可以经常带孩子走亲访友，或把邻居小朋友请到家中，拿出玩具、糖果、画报，让孩子慢慢习惯于和别的孩子交往。孩子通常需要安全感，所以起初有家长在一旁陪伴，会让他比较放心。

我们教育孩子，除了给孩子一个轻松舒适的生长环境、优越的生活条件、有品位的生活以外，还需要教会孩子如何自信地与人交往，而这需要我们在孩子还很小的时候就对其制订一些交往规矩，要知道，一个落落大方、平易近人的人才能赢得别人的赞同、尊重和喜欢，才不会孤独。

如何帮助5~6岁孩子顺利度过人际关系敏感期

欣欣今年5岁半了，以前妈妈让她跟别的小朋友一起玩，她总是推辞，往妈妈身后躲，但从今年开始，欣欣好像完全变了一个人，妈妈带她到公园玩，不到一会儿，她就跑到其他孩子身边去了。孩子爱交朋友是好事，但妈妈却担心一点，欣欣好像并不是很受人欢迎。

今年欣欣上了幼儿园大班，但她不喜欢别人碰她的东西，也不喜欢跟人分享，回家后，妈妈问她为什么不愿意跟其他小朋友交换玩具，欣欣说："那是我的玩具，我为什么要给他们玩？"妈妈告诉欣欣："要交到好朋友，就要懂得付出啊，你愿意把玩具让给其他小朋友，他们也会愿意让给你，这不是很好吗？"欣欣若有所思地点点头。

那么，在故事中，欣欣为什么突然喜欢交朋友了？这是因为孩子到了人际关系敏感期，随着他们不断成长，到了5~6岁，孩子开始学会认识自己、形成自我，所以也开始学会和同伴交往，表达自己的感情。

其实，孩子人际交往敏感期首先就是从交换玩具开始的。友谊从幼儿期开始萌芽，可是怎么样建立友谊，怎样化解人与人之间的分歧和矛盾，怎样获得认可和结交更多的朋友，大概是很多成年人都在思考的问题，然而，令我们家长感到意外的是，孩子在幼儿园阶段就已经有了属于自己的朋友，有了自己

活动的小天地，有了一个个小群体。这到底是为什么呢？原因在于孩子正处在人际关系敏感期。

这样的过程符合孩子心理成长的规律。孩子们在一起玩耍中，人际关系逐渐建立起来了，他们平等地交往着，他们学会了承受、判断、如何与人说话、如何揣摩别人的心理，这奠定了他们人际交往的基础。这段时间对于孩子们来说实在是太重要了，他们需要大人的理解，更需要大人有技巧的帮助。

那么，父母怎样引导处于人际关系敏感期的孩子交到好朋友呢？

1.鼓励孩子在平等的原则上交友

在孩子交友的过程中，要教育他们信赖朋友，珍惜友谊，不要轻易地怀疑、怨恨、敌视他人，不允许无故欺侮弱者。

2.培育孩子关心他人、爱护他人、助人为乐的高尚情操

孩子无论在学校或家庭里，都要养成这样的好品德：在家尊老爱幼，在校尊教师、爱同学。因为只有关心别人，才有可能与别人合作。

3.如果你的孩子已经交到了朋友，要及时给予肯定

比如对孩子说："真高兴你有了自己的朋友，听说你的朋友很棒，你们应该互相关心，互相帮助。"或者说："听说你交的朋友很出色，我很想见见他，你看可以吗？"

4.如果你的孩子还没有朋友，应积极帮孩子寻找

比如鼓励孩子与家附近的孩子一起玩，与同事或同学的孩

子一起玩。并适时和孩子讨论他们交往的情况，帮助孩子分析并做出选择。

5.欢迎孩子的朋友到家里来

把孩子的朋友当成自己的朋友一样，采取热情欢迎的态度。当孩子的朋友来家里时，父母应该说："我们家来朋友啦，欢迎欢迎。"或者"真高兴我的孩子有你这样的朋友，你们能来太好了！"而且要鼓励孩子认真接待，让孩子的朋友感觉到你对他们的支持和赏识。

需要注意的是，对于孩子和朋友的交往，父母也不能听之任之，使孩子陷入不当的交际圈。而是要充分利用他们喜欢交往的心理，因势利导，正确地引导和帮助他们建立纯真的友谊。

父母不能因噎废食，还是要让孩子积极参加各项有益的活动的，但必须得让他们知道哪些朋友是不该交的。如果你对孩子的朋友某个方面很不满意，就应该当着孩子的面严肃地说出来。

友谊是每个孩子童年的重要组成部分。对孩子们来说，结交朋友似乎是这个世界上最自然不过的事情。毕竟，他们整天待在教室里，一块儿吃午餐，一起在操场上玩耍。然而有时候孩子也需要爸爸妈妈的一点帮助，把天天见面的熟人变成自己的朋友。由于年龄相近、志趣相投、关系融洽、地位平等，同伴群体能满足孩子游戏、友谊、安全、自尊、认同等方面的

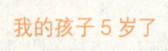

需要。父母要让孩子明白，友谊是一笔宝贵的财富，要鼓励孩子在周围的生活圈子中多交善友，这会让你的孩子一生受益无穷！

帮助孩子克服内心的自卑情绪

我们都知道，自信对于一个人的成长极为重要，而自卑则对人的身心产生消极的影响。在家庭教育中，我们都希望自己的孩子能健康自信，心理学的研究表明，自信的孩子开朗、活泼；对待生活热情，不怕失败，敢于尝试；对事物充满极大的兴趣，创新意识较强；他们在学校的表现往往比较好，长大了也容易获得成功。相反，那些自卑的孩子，他们凡事悲观消极、闷闷不乐，怎会有出色的表现？

晶晶是一个有听力障碍的女孩，但无论做什么事情她都充满自信，自告奋勇当班长，报名舞蹈班学舞蹈，积极与老师讨论自己的解题思路……当老师问起晶晶的父母是如何让晶晶如此自信时，晶晶的爸爸说起了那段经历：

其实，晶晶小时候很自卑，这种心理从她上幼儿园时就开始有了，因为她觉得同学们都因为这点而不愿意跟她交朋友。

晶晶总是闷闷不乐的，妈妈怕她这样下去身体和心理都会受到伤害，使用她的偶像——海伦·凯勒来激励她："你知道凯勒阿姨为什么这样优秀吗？"

"为什么？"

"不仅是因为她出色的写作能力，还因为她的自信。尽管她有生理上的障碍，但是她自信，她对任何事都满怀着信心，用最积极的态度去做，所以她成功了。不信你可以看看她的书。"

女儿真的读起海伦·凯勒的书来，就是从那时起女儿不再那么自卑了。

事实上，很多的孩子的心里都住着一个魔鬼——自卑。对于孩子来说，大部分的时间都生活在集体中，自然很容易把自己和周围的朋友、同学相比，当自己的某一方面不如他们的时候，自卑感油然而生，把这种不如人的想法积压在心中，甚至不愿意与朋友、同学相处。因此，他往往很敏感，抱有很大的戒心和敌意，不信任别人，一点惹不起，芝麻绿豆大的小事也会引发一场轩然大波。

我们发现，作为家长，在儿童的成长过程中一般只注重孩子的健康和智商，却忽略了影响孩子一生的至关重要的一点，那就是健康的心理。那么，培养孩子自信的心态，家长该如何做呢？

1.肯定你的孩子，发现孩子的长处并发扬光大

拥有自信与快乐性格的形成息息相关。对一个因智力或能力有限而充满自卑的孩子，家长务必发现其长处并发扬光大，

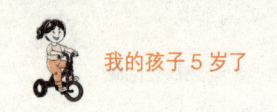

审时度势地多作表扬和鼓励。来自家长和亲友的正面肯定无疑有助于孩子克服自卑、树立自信。

2.鼓励孩子多交朋友

不善交际的孩子大多性格抑郁，因为时时可能遭受孤独的煎熬，享受不到友情的温暖。不妨鼓励孩子多交朋友，特别是同龄朋友。本身性格内向、抑郁的孩子更适宜多交一些开朗乐观的朋友。

3.为孩子创建温馨轻松的家庭氛围

家庭的气氛、家庭成员之间的关系，在很大程度上会影响儿童性格的形成。研究表明，孩子在牙牙学语之前就能感觉到周围的情绪和氛围，尽管当时他还不能用语言来表达。可以想见，一个充满了敌意甚至暴力的家庭，绝对培养不出开朗乐观的孩子。

父母最好不要在孩子面前争吵，如果被孩子看到或听到，必须要当着孩子的面解决，表示父母已和好，还会和以前一样快乐地生活，这样有利于孩子的心理健康，不会对孩子造成对未来生活的恐惧感。

在对孩子的教育上，不能是父母一方在教育而另一方却在偏袒，正确的做法是父母要战线一致，当然对孩子的教育以讲道理为主，而不是靠"打"。不过，对于一些原则性的问题，比如说谎、偷东西、逃学等，如果屡次说服教育不听，可以用"打"的手段以使孩子警醒，但"打"要在让孩子认识到错误并不再犯的同时，顾及孩子的自尊心，打后应及时给予孩子抚慰，让孩子明白打他的理由和父母的良苦用心及对他的爱。建立一种相互信任的关系，孩子会因为父母所表现出的对他的充分的信任感而自豪，有助于孩子乐观心态的形成。

4.教会孩子与人融洽相处

和他人融洽相处者的内心世界较为光明美好。父母不妨带孩子接触不同年龄、性别、性格、职业和社会地位的人，让他们学会和不同类型的人融洽相处。当然，孩子首先得学会跟父母和兄弟姐妹以及亲戚融洽相处。此外，家长自己应与他人相处融洽，做到热情、真诚待人，不势利卑下，不在背后随意议论别人，给孩子树立一个好榜样。

5.勿对儿童控制过严

作为家长，当然不能对孩子不加管教、听之任之，但是控制过严又可能压制儿童天真烂漫的童心，对孩子的心理健康产生消极作用。不妨让孩子在不同的年龄阶段拥有不同的选择权。只有从小能享受选择权的孩子，才能感到真正意义上的快乐和自在。

（1）让孩子有时间享受"不受限制"的快乐。家中孩子一旦开始喊叫、跳跃，父母便会想办法制止，孩子只好越来越乖了。但由此带来的是孩子的热情和活力在一点点丧失，孩子的心灵也感受到了压抑。

（2）体育活动。好的身体状况和运动技能，有利于让儿童树立正确的自我形象观。

（3）笑出声来。笑出来，对家长和孩子的健康都有好处。

教育是一门艺术，每个孩子的教育结果就是父母的艺术成果，我们如何教育，就会造就什么样的孩子，但无论如何，从儿童阶段我们就帮助孩子建立积极自信的自我意识，让孩子在以后面对问题和挫折时，能以平和、阳光的心态面对，好心态能让孩子在成长的路上走得更稳健！

胆怯的孩子害怕与人交际怎么办

"我女儿今年10岁，孩子自生下来后，身体一直比较好。她6岁左右，听到别的同学叫她'矮冬瓜'，因为孩子的身高确实比同龄人矮一截，这可能是基因决定的，我和她爸爸个头都不高。自尊心太强的孩子从小就心理压力很重，但她从来没有给家长说过这些。一直到今年，我们发现女儿不爱说话了，放假也不出去，更不和同学们交往，后来老师告诉我们，女儿在学校也不合群，我知道，女儿一定是自卑了。我想带女儿去看心理医生，但我们这个城市没有，想带她去别的地方看，她坚决不去。我也在网上多方查看这方面的信息，想尽办法诱导她，情况有所好转，但改变不大，以至于她的心理问题不能彻底解决。"

因为身高上的不足而使这个女孩的心理健康受到损害,使她处于极度自卑之中,而父母又发现得晚,以至于女孩在出现心理问题时,才引起母亲的注意,这对女孩来说是极其残忍的一件事情。

人际交往是一门学问,5~6岁是孩子社交关系的敏感期,此时是培养一个人交往能力的重要时期,这是积累人生阅历和社会实践能力的重要时期之一。然而,很多孩子因为一些心理原因,比如自卑等,害怕与周围的同学交往,把自己的活动限制在一定的范围内,更有严重的,导致交往恐惧症,影响心理健康。克服这些心理障碍,才能走出交往的第一步,那么,这些心理有什么危害呢?

以自卑为例。自卑是一种过低的自我评价。自卑的浅层感受是别人看不起自己,而深层的体验是自己看不起自己。有

自卑心理的孩子在交往中常常缺乏自信，畏首畏尾。遇到一点挫折，便怨天尤人；如果受到别人的耻笑与侮辱，更是甘咽苦果、忍气吞声。实际上，自卑并不一定能力低下，而是凡事期望值过高，不切实际，在交往中总想把自己的形象完美化，惧怕丢丑、受挫或遭到他人的拒绝与耻笑。这种心境使自卑者在交往中常感到不安，因而常将社交圈子限制在狭小的范围内。

孩子都希望自己可以有落落大方的交往形象，让同学喜欢自己，其实，作为父母，我们只要告诉孩子，只要拥有良好的交往品质，克服胆怯，走出恐惧的第一步，就能受到同学的喜欢，慢慢地，心结也就能打开了。

而这些交往品质有：

1.真诚

"人之相知，贵相知心。"真诚的心能使交往双方心心相印，彼此肝胆相照，真诚能使交往者的友谊地久天长。

2.信任

美国哲学家和诗人爱默生说过："你信任人，人才对你重视。以伟大的风度待人，人才表现出伟大的风度。"在人际交往中，信任就是要相信他人的真诚，从积极的角度去理解他人的动机和言行，而不是胡乱猜疑，相互设防。信任他人必须真心实意，而不是口是心非。

3. 克制

与人相处,难免发生摩擦冲突,克制往往会起到"化干戈为玉帛"的效果。克制是以团结为金,以大局为重,即使是在自己的自尊与利益受到损害时也是如此。但克制并不是无条件的,应有理、有利、有节,如果是为一时苟安,忍气吞声地任凭他人无端攻击、指责,则是怯懦的表现,而不是正确的交往态度。

4. 自信

俗话说,自爱才有他爱,自尊而后有他尊。自信也是如此,在人际交往中,自信的人总是不卑不亢、落落大方、谈吐从容,而决非孤芳自赏、盲目清高;是对自己的不足有所认识,并善于听从别人的劝告与帮助,勇于改正自己的错误。培养自信要"解剖自己",发扬优点,改正缺点,在社会实践中磨炼、摔打自己,使自己尽快成熟起来。

5. 热情

在人际交往中,热情能给人以温暖,能促进人的相互理解,能融化冷漠的心灵。因此,待人热情是沟通人的情感,促进人际交往的重要心理品质。

克服胆怯,摆脱自卑等心理障碍、拥有良好的交往品质都是交往的前提,作为父母,我们一定要找出孩子不敢与人交往的症结,帮助孩子把心打开,让他们融入集体,进而让孩子成为一个受欢迎的人。

帮孩子改掉坏脾气，拥有迷人的个性

每个人都有脾气，我们的孩子也是，5~6岁的孩子已经开始有一定的社会交往，有交往就会产生各种各样的情绪，其中就有坏脾气。一些儿童脾气急躁，遇事容易冲动，特别是对一些不顺心或自己看不惯的事，常常容易生气或怄气，有时还同人家争吵，说出一些使人难堪的话，或影响同学间团结，或影响了家庭的和睦。

人的脾气有好有坏。脾气好的人无论到哪里，都会受到欢迎，别人喜欢同他合作、共事；脾气不好的人，则常常给自己和别人带来苦恼，使别人觉得难于与之相处。

作为父母，我们都知道，孩子脾气好是有修养的表现，而培养孩子良好的脾气，比用服装和打扮来美化他，要具备更高一层的精神境界。一个脾气暴躁的孩子，很难想象他在未来能有什么美好，那么，我们该怎么样通过培养孩子的良好修养来达到控制孩子脾气的目的呢？

1.帮助孩子认识到坏脾气的危害

我们要让孩子明白，我们在社会生活中，总要同其他人进行接触和交往，希望得到别人的好感、友情、赞赏、合作，否则，就会感到孤独、寂寞，没有生气，寸步难行。人的行为是受意识调节和控制的，孩子认识到了坏脾气的危害，便可从内心产生改掉坏脾气的要求。

2.引导孩子多看书、多思考

修养并不是一个月两个月可以改变的，这需要长时间的培养和熏陶。比如，我们很久没见一个人，会说他变了一个样，其实就是周围环境熏陶出来的。多读书总有好处，书读得少的话其他练得再多也还是没有内涵。还有一点就是，想成为什么人，就和什么人交朋友，家长要让儿童远离一些思想品行低下的不良人士。

3.给孩子一个好的生活环境

人的脾气的好与坏，与生活和学习的环境有很大关系。温顺、平和、忍耐等好脾气，往往同和睦温暖的家庭环境以及良好的教养有密切的联系；而暴躁、倔强、怪癖、任性等坏脾气，则常常与娇生惯养、过分溺爱或得不到家庭温暖、父母的要求过于严厉有关。一个好的生活环境，好的心态，才能培养出孩子好的修养。

4.增强孩子的阅历

不一样的环境会造就不一样的人，一个孩子的阅历、学识，对自己的了解程度都会对修养有一定的影响。

5.让孩子学会控制住自己的情绪

情绪的自控能力的强弱是孩子自制力的重要方面。

（1）让孩子学会宁静。发现孩子放松自己的方法，鼓励他运用这些方法放松自己，特别是在他放学后或者一段时间以来非常活跃之时——这些时候，他可能认为自己很难"着陆"。

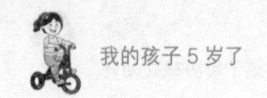

（2）警惕不要让那些真正需要安静时间、喜欢一个人独处的孩子，随着时间的流逝而变得离群索居。注意观察他可能出现的任何"孤独"的征兆。

（3）如果你的孩子有太多的时间独处，建议他参加某个体育或者社交俱乐部或青年团体。

（4）孩子的忌妒、愤怒、沮丧以及怨恨的感受，应该是可以接受的，而不应该遭惩罚或拒绝。不过，虽然可以有这样的感受，但不能因此而伤害他人。这时候可以帮助他提出他的要求。比如对他说，"我想你现在很伤心难过，给你一个拥抱，你会觉着好点吗？"

（5）给每个较小的孩子配备一本感受日志，让他们在固定（或者自由）的时间里，写下他们对作品、学校、事件或人物的反应。

（6）情绪表达需要特别的词汇。他必须知道他可以选用哪些词语来表达自己的感受，而且，如果这种信息以恰当的方式告知他们，他们会非常乐意拓展自己的语汇，以替代那些咒骂性的语言。

（7）给出一些不完整的句子，让孩子去补充完成。比如："当……的时候，我最幸福""当我生气的时候，我……""当……的时候，我感觉自己非常重要""当……的时候，我感到沮丧""当……的时候，我可能选择放弃""当我被训斥的时候，我想……"

（8）在没有压力的寻常时间里，找个机会开诚布公地告诉他，在他需要的时候，家永远是他最后的庇护所。

一个人的修养必然会带来气质上的变化，所以，如果父母希望自己的孩子成为一个仪态端庄、充满自信、能吸引别人的人，就要让孩子学会管理自己的情绪，就要不断提高孩子的知识、品德修养，不断丰富他们的人生阅历。

第 04 章

5~6 岁智力飞速发展期：注重孩子学习力和阅读力的养成

教育心理学家认为，5~6 岁是儿童智力飞速发展的时期，是儿童对其生活周围的一切事物进行认知、学习、掌握的过程。作为父母，我们要重视孩子的这一时期，并注重对其学习能力和阅读能力的培养，这是孩子受用一生的财富。那么，具体我们该如何引导和培养呢？这需要我们掌握一些方法和规律，对此，本章将着重讲解。

5~6岁孩子的思维发展特点

思维力是智力活动的核心,也是智力结构的核心,而人的智力因素都是从孩提时代开始发展的。要让孩子更聪明、更胜人一筹,父母应从小就培养孩子的思维能力。

那么,什么是思维呢?

思维最初是人脑借助于语言对客观事物的概括和间接的反应过程。思维以感知为基础又超越感知的界限。通常意义上的思维,涉及所有的认知或智力活动。它探索与发现事物的内部本质联系和规律性,是认识过程的高级阶段。

那么,对于在5~6岁的孩子来说,他们的思维有何发展特点呢?

在了解这一问题前,我们先要了解人的思维发展过程。思维的发展总趋势是:由具体思维到抽象思维,即由动作思维发展到形象思维,再依次发展到抽象逻辑思维。

1. 0~3岁:最早的思维活动——动作思维

这一阶段,婴幼儿的思维是依靠感知和动作来完成的。他们在听、看、玩的过程中,才能进行思维。比如,婴幼儿常常边玩边想,但一旦动作停止,思维活动也就随之停止。

2. 4岁：从动作思维向形象思维过渡

3岁后，幼儿的思维就可以依靠头脑中的表象和具体事物的联想展开，他能摆脱具体行动，运用已经知道的、见过的、听过的知识来思考问题。虽然这时动作思维仍占相当大的部分，但形象思维开始占据了一定比例。他的思维活动必须依托一个具体形象来展开。

3. 5~6岁：形象思维占主导地位，但已经初步出现抽象逻辑思维

5~6岁时，孩子思维从形象思维向抽象逻辑思维过渡。对事物的理解也发生各种变化：

（1）从理解事物个体发展到对事物关系的理解；

（2）从依靠具体形象的理解过渡到主要依靠语言来理解

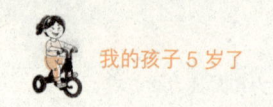

（这时，你用语言向他描述事物，一般情况他会理解）；

（3）这个阶段的孩子已经不停留在对事物的简单表面的评价，现在已经开始对事物有比较复杂、深刻的评价。比如，早期孩子在看电视时，便可以说出谁是好人，谁是坏人，这时已经能知道好在哪里，坏在哪里，还会用各种理由来说明他的看法。另外，孩子的思维已经从事物的外表向内部、从局部到全面进行判断和推理，并且逐步正确加深。

因此，我们可以说，对于5~6岁的孩子来说，形象思维占主导地位，但已经初步出现抽象逻辑思维，正从形象思维向抽象逻辑思维过渡，对事物的理解也发生各种变化。

思维能力是影响人一生发展的基础性、素质性的重要能力。孩子到了5~6岁，就已经是学前期，是儿童思维能力奠基的重要时期，让孩子从小学习如何思考，学会发现问题、解决问题，是家庭教育的重要内容。而在培养孩子思维能力的实践过程中，我们父母可以参考以下几个方面。

1.丰富孩子的知识与经验

孩子的知识越丰富，思维也就越活跃，因为丰富的知识和经验可以使孩子产生广泛的联想，使思维灵活而敏捷。著名的化学家门捷列夫，他因制订了元素周期表而对化学研究的发展起到无法替代的作用，但他不仅仅是懂化学，还对物理、气象等科学领域都有涉及，才能制订出元素周期表。

为此，我们可以鼓励孩子多阅读，给他们创造阅读的机会，也可以与他们一起阅读，比如和孩子一起找动脑筋的故事，如寓言故事、科普性读物等，常常拿出来和孩子一起讨论。

2.开发孩子的想象力

曾有人这样评价爱因斯坦："作为一个发明家，他的力量和名声，在很大程度上应归于想象力给他的激励。"牛顿从树上掉苹果而产生想象，进而研究出万有引力定律。这都说明想象力在人类发明创造中的重要性，我们在教育孩子的过程中，也尤其要注重开发孩子的想象力。

因此，在生活中，要善于提出各种问题，让孩子通过猜想来打开思路。其实，要孩子发挥想象并不难，关键在于父母随时随地的启发。比如，当看到圆圆的车轮时，可以让孩子想象一下车轮是什么做的，这种材质除了做车轮还能应用到哪个上面。随便你提出什么需要想象的问题，孩子们的回答都可能千奇百怪，大大出乎你的预料。

这里，我们需要注意的是，要知道孩子的回答都是他所想象的，这是难能可贵的创意！父母不要把自己的对错观念强加于孩子，更不要嘲讽、责罚孩子，以免打击他的积极性。

3.抛出问题，让孩子多思考

我们都知道，常见的思维模式是：问题—解决问题的过程—答案。抛出问题后，就要解决问题，这样思考的过程能让大脑更活跃。

因此，在实际生活中，当孩子向我们问出这样那样的问

题时，我们要和孩子一起讨论，父母的积极主动对孩子影响很大。当然，如果有些问题我们自己也弄不懂，不能搪塞和敷衍孩子，而要通过请教他人、查阅资料、反复思考获得答案，这个过程最能提高孩子的思维能力。

4.独立思考习惯的培养

一些孩子只要遇到问题，就习惯性寻求父母的帮助，一些父母为了省事，也会将答案告诉孩子，而这样就剥夺了孩子思考的权利，长此以往，还会造成一种副作用——依赖性。孩子如果依赖父母的答案，而不会自己去寻找答案，便不可能养成独立思考的习惯。

当孩子遇到问题时，我们要注重启发孩子，让孩子明白，一个问题应该怎样去想、去分析，怎样运用自己学过的知识和经验，怎样看书，怎样查参考资料等。当孩子自己得出答案时，他会充满成就感，思维能力提高而且产生新的动力。

5.在家庭生活中给予孩子设计解决实际问题的思路

在孩子家庭生活中，经常出现各种各样的问题需要解决。遇到这些问题，我们父母可以与孩子一起讨论、设计解决问题的方案，并付诸实施。这个过程中，需要分析、归纳，需要推理，需要解决的方法与程序。这对于提高孩子的思维能力和解决实际问题的能力大有好处。

培养孩子的思维能力并不仅仅是老师的事情，父母也应承担更多的培养责任。在引导5~6岁孩子学习思维特色课程的过程中，应该遵循5~6岁孩子的年龄特点因材施教，采取相应的策略，才能让孩子得到更好的发展。

5~6岁孩子的认知能力发展特点

5~6岁学前期是孩子从幼儿园到小学的一个转折期，也是孩子从游戏阶段向学习阶段转折的一个时期，此时的孩子的认知能力有了很大的发展，具体表现在：

1.求知欲增强

这个时期，孩子的好奇心、求知欲非常强烈，不再满足于对事物表面现象的了解，而是要追根究底，所以我们经常会听到孩子不停地追问一些问题，完全就像个好奇宝宝，比如"人为什么要吃饭？""太阳为什么会东升西落？""什么使空气流动？""什么是空气？"等。

而且，他们的问题不拘一格，涉及广泛，包括天文、地理、物理、化学、生物等。他们喜欢学习，学到一些新的知识或技巧后会感到满足，而且喜欢和别人分享他们学到的知识。

2.具备一定的逻辑推理能力

比如，你给孩子一幅秋天的图画，他能根据树叶颜色变黄、飘落下来、果树上结满红红的苹果等图画的细节进行分析，推断出是表达秋天的图画。

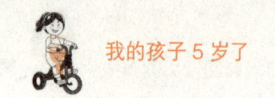

另外，在观察图画时，5岁以后的儿童不再是漫无目的地看，而是能够按照从上到下、从左到右的顺序进行观察。

此时儿童的抽象逻辑思维开始萌芽，能够根据概念进行分类。给儿童一些画有车、苹果、小猫、桌子等物体的图片，他们就能够按交通工具、水果、动物、家具等概念进行分类；也掌握了整体与部分的包含关系，能够正确回答"动物园里是动物多呢，还是大象多呢"一类的问题；对因果关系也有所理解，比如"为什么出门要打雨伞？因为下雨了"。

3.注意力发展

在注意力方面，这个时候的儿童会采取各种方法使自己保持对某一件事情的专注。比如，他们为了控制自己用眼睛盯着需要注意的事物或事情，会用两只手捂住耳朵防止被杂音干扰等。

4.记忆力提升

在有意记忆方面，儿童在跟随老师复读数字串时，一边听老师读，一边自己默默地跟着念。在识记字形或其他不熟悉的形状时，他们会利用联想以帮助记忆。

5岁以后，儿童在记忆一些具体事物时能够按类别记忆。例如，任意给出的一些事物，如苹果、卡车、香蕉、猫、狗、公交车等，在延迟回忆时，他们会这样说出来：苹果、香蕉、卡车、公交车、猫、狗等。

5.拼读能力提升

这个时期的儿童能够背诵全部的声母表,听指令能指出字母。他们也会尝试看着图片读书,能认识一些常用的字。6岁学龄前期的儿童尝试大声地念简单的书中的内容。

6.开始了解人物职能和自己所在的环境

此时期的儿童了解了一些有关人物的职能,例如,医生是给人看病的,护士是给病人扎针的,老师是教学生的,农民是种地的,画家是画画的等。

他们熟知了与自己密切相关的环境,如生病了要去医院看病,想吃糖要去超市购买,要到动物园才能看到大象和猴子,汽车坏了要去修理厂进行修理,头发长了要去理发店理发等。

7.时间知觉能力发展

时间知觉能力是对客观事物运动的延续性和顺序性的反应,需要抽象思维能力和其他认识能力的高度发展,所以对于儿童来说是较难掌握的能力。5~6岁学龄前儿童开始能辨识一日之内三个较大时间单位的时序——上午、下午、晚上,能按顺序说出一周之内的时序。但他们对一日时间的延伸"昨晚""明早"这些相对性的时间概念,明显低于对一日之内时序的认知,要到7岁时才能掌握。

8.数学能力提升

关于数学方面的技能,儿童在序数概念、基数概念、运算

能力的各个方面都有不同程度的提升。

在孩子5岁前,当我们考问他们加减法时,可能要算半天或者答不上来,但 5~6岁以后,会通过口诀算出来。比如,当问他们8+3等于多少时,他们会从较大数字的基数值开始把数字相加(如8、9、10、11)。尽管学龄前儿童除了数数策略和最小策略以外,还会使用其他的规则来加减数字,但是这些方式几乎都需要具体事物的支持。

另外,在5~6岁的时候,他们尽管从没有上过一节正式的语法课,但可以使用大多数的语法规则,讲话非常像成人。

他们对天气的变化也有了一定的认识,如晴天、阴天、刮风、下雨等。

他们解决问题的能力也有所提升,例如,把别人的东西弄坏了,他们会说"对不起,我不是有意的";有陌生人给糖的话,他们不会吃;看见一些不安全的东西,会告知大人。

总之, 5~6岁的孩子在认知活动方面,无论是观察、注意、记忆过程或是思维和想象过程,都有了一定程度的提升。我们父母要根据孩子的这一认知特点,对孩子进行引导和教育,帮助孩子更好地成长。

保护孩子的好奇心,鼓励孩子大胆探索

生活中,作为父母,不知道你是否发现,孩子到了5岁以后,似乎总喜欢问这问那,那么,当你的孩子缠着你问"为什么"的时候,你是怎么做的?耐心地为他解释,还是批评他多事、厌烦?其实,孩子开始问"为什么",这表明他们开始展露他们的好奇心。在孩子成长的过程中,好奇心非常重要,这是他们探索世界的动力。父母要学会挖掘、保护孩子的好奇心,鼓励孩子的积极探索与求知。

的确,人都是充满好奇心的,对于自己不明白的问题,我们总是想探个究竟。这一点,在孩子身上体现得尤为明显。孩子们常常会向父母问这问那,但很多父母,却对此感到不耐烦,他们往往忽视重要的一点,好奇心是促使孩子学习、成长的良机。

其实,我们的孩子都是这样成长的:先对事物充满好奇,然后产生了继续探究的兴趣。并且,因为对世界的好奇,孩子会经常进行各种嬉戏,在各种竞赛过程中,他们学会了"自信",同时,也提高了生存的技能。

6岁的亮亮是个很聪明的孩子,他对周围的事都充满了好奇。

生活中,他总是喜欢问爸爸妈妈"为什么",后来,被他问烦了的爸爸妈妈就对他说:"如果你不明白,你就自己去求

我的孩子5岁了

证,这样不是更有意思吗?"亮亮点了点头,他觉得爸爸妈妈的话很有道理。

有一次,亮亮的脚趾上长了一个疮。周末的时候,爸爸带着他去医院清洗伤口，他看到医生用一瓶透明的液体擦在自己的脚上，很快，他发现，脚趾头上居然冒泡泡。亮亮感到很奇怪，就问医生："这是什么东西啊？好像不是酒精。"

"你怎么知道不是酒精？"医生问。

"酒精有味道嘛。"

"挺聪明的小孩。"医生对亮亮爸爸说。

就在亮亮准备和爸爸一起回家时，天突然打雷下起雨来，过了会儿，还闪电。亮亮又感到奇怪，为什么先看到闪电，再听到雷声呢？短短一个周末，已经出现了好几个问题困扰亮亮。

回家后，亮亮赶紧用爸爸的手机搜索这些资料，那种冒泡泡的物质是什么？雷声和闪电出现的时间为什么不一样？终于，他得到答案，消毒的是双氧水，之所以冒泡泡因为双氧水在常温常压下容易分解成水和氧气，气泡就是氧气。而雷声在闪电后出现是因为光速比声速快很多。接下来，亮亮又产生了很多疑问，什么是化学反应，氧气又是什么？雷声是怎么出现的……

从那以后，亮亮对物理、化学充满了兴趣，他立志上小学和初中后一定要学好这两门课。

其实，正确的教养方式，是尊重孩子的天性，也就是说，孩子的成长过程就是学习应该学的事情，孩子都是充满好奇心的，他们很喜欢尝试，对此，家长应给予鼓励和指导，千万不

要打击孩子动手的积极性。即便是做错了，也不要训斥，要积极无条件地关注自己的孩子，鼓励和帮助他们树立自信心，排除挫折，远离无助感。

具体来说，在培养孩子好奇心方面，父母可以从以下几个方面入手：

1.孩子发问，就要积极回答，不要挫伤孩子的积极性

如果孩子问你"为什么"，父母不要以"以后你就会明白了"等敷衍、塞责的话回应孩子。父母应认识到，好奇是孩子认识世界、实现社会化的起点，如果不予以支持和鼓励，将会挫伤其积极性。

2.为孩子提供动脑、动手的机会

生活中，你可以利用孩子好动的特点，为他们多提供动手的机会，比如，他的小玩具坏了，你可以让孩子试着修修看，让孩子体验到一种自我成就感和乐趣。

3.让孩子自己寻找答案

孩子对周围的事感到新奇，想知道，对于这点，父母应该把探索的机会交给孩子自己，而不是把答案直接告诉孩子。

对于孩子的好奇心，父母应该用正确的态度加以培养，不但要热情地回答孩子的问题，还要创造机会，培养孩子的好奇心，让孩子主动去探索、观察，促进他们求知欲的发展。一时回答不了的问题，不能一推了之，更不能胡编乱造，而应努力与孩子一起寻求正确的答案。

尽早培养孩子敏锐的观察力

教育心理学家告诉我们，孩子0~6岁是其感官敏感期阶段，尤其是到了5岁以后，他们对周围的事物十分敏感，为此，专家建议，我们家长应该根据这一点尽早培养孩子的观察能力。因为观察是人一生中很重要的能力。一个人的观察力如何，直接关系到他的一生，我们的孩子也是如此，因为观察力是获取信息和资料的重要途径。不会观察的孩子，是不可能拥有杰出的智慧，也不可能成就非凡的事业。所以观察力很重要。

因此，作为父母，我们也要培养孩子成为生活的有心人，在生活中有意识地提高他们的观察力。

5岁的小雅相对于其他同龄的女孩来说，显得格外活泼好动。周末，妈妈带她到公园去玩。妈妈在前面走着，一边轻声和女儿交谈着，可是一回头却发现小家伙不见了，妈妈急忙四处寻找，发现在不远处的草地上，小雅正趴在地上，专注地玩什么东西。

妈妈悬着的一颗心落了下来，她悄悄地走到小雅背后，发现小家伙正专心致志地用一只草棍拨弄着一只小蚂蚁，翻来覆去，仔细观察蚂蚁的每个动作。"宝宝，你在干什么？"妈妈问。"妈妈，我正玩小蚂蚁。"小雅连头也没回，妈妈受到了启发，这是孩子好奇心的表现。

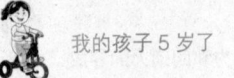

回家后，妈妈给小雅买了一只玩具小鸟，它会叫、会飞。小雅高兴极了，爱不释手，她专心致志地观察小鸟的各种动作。第二天，当妈妈下班回家，却发现女儿正动手拆玩具鸟，桌子上已经有了几个小零件。见妈妈来了，小雅显得有些害怕。妈妈故意板着脸问："你怎么把玩具给拆开了？"小雅怯生生地说："我只是想看看它肚子里有什么，为啥会拍翅膀、会叫。"

妈妈很高兴，她相信会玩的孩子才能会学，她必须抓住这个时机，培养孩子的智力。于是，她鼓励女儿说："宝贝，你做得对，应该知道它为啥会拍翅膀。"听了妈妈的鼓励，小雅高兴极了。不一会儿就把玩具鸟给拆开了，并对里面的结构观察起来。

小雅妈妈做得对，会玩的孩子才会学，活泼也是一种气质，每一个活泼好动的孩子，总是具有敏锐的观察力、想象力和思考力，而这些是成才的关键。

可以说，良好的观察力是中小学生智力发展的重要条件。然而，观察力不是自然而然形成的，它需要经过长期的观察实践和观察训练。并且，真正观察力的获得是需要运用思维的力量的，不动脑的观察也是无效用的。

生活中，我们要有意识地培养孩子，告诫他们要做到留心身边的一事一物。然而，你还应该认识到的是，人的眼睛所看到的事物往往是表象，具有不真实性。为此，你必须在观察前和观察后都要进行一番信息搜集的工作，有目的、有计划的观察活动才是真实有效的、准确率高的观察。

然而，对孩子观察力的训练并不是毫无章法的，为此，你可以从如下几个方面入手。

1.培养孩子浓厚的兴趣和好奇心

兴趣和好奇心是提高观察力的重要条件。孩子具有好奇心，对其观察的对象有浓厚的兴趣，他就会坚持长期持久的观察而不感到厌倦，从而提高观察力。

2.告诉孩子要明确观察目的，提高观察责任心

生活中，人们做任何事、说任何话都是有目的的。在观察的过程中，孩子也只有带着目的进行观察，才能提高责任心，才会对自己的观察力提出较高的要求，从而提高观察力。

明确观察目的，包含两层意思：

第一层是认识到观察力的重要性，认清观察对自身发展的好处；第二层是在观察事物前，都要有明确的目的，即观察什么，为什么观察。比如，在家中，你可以找出一件工艺品，让孩子观察其颜色、形状、大小、用途、特点等，在观察的过程中，你还可以让孩子边观察边用语言描述。

3.帮助孩子明确观察对象，制订观察计划

这样就可以让孩子将观察力指向与集中到要观察的对象上，并按部就班，从容观察，从而有助于其提高观察力。比如，你可以让孩子自己学会种一盆花，然后每天观察其变化，

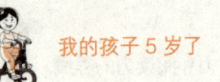

还可以写观察日记。这样的观察活动，孩子既有兴趣，又有丰富的内容，效果很好。另外，也可以让孩子自己学会煮饭，比如，多少米，怎么淘，放多少水，大火烧多长时间，小火焖多长时间。先是让孩子观察我们父母怎样做，然后自己一边学着帮，一边观察。学会了做饭，也提高了观察力。

4.告诫孩子观察时要全神贯注，聚精会神

注意性是观察力的重要品格之一。只有提高注意性，对观察对象全神贯注，才能做到观察全面具体，才能收集到对象活动的细节。

5.传授给孩子良好的观察方法

不懂得观察的方法，这样的观察是不会发现什么的，对学习也不会带来益处；相反，却会浪费时间，影响学习的效率。因此观察事物必须掌握不同的方法。

常用的观察方法有：全面观察和重点观察；在自然状态下观察和实验中观察；长期观察，短期观察，定期观察；正面观察和侧面观察；直接观察和间接观察；解剖（或分解）观察，比较观察；有记录观察和无记录观察，等等。观察不同的对象，出于不同的目的，应事先考虑用什么样的观察方法。有时候，需要几种方法配合使用。

总之，我们父母可随时随地提醒孩子注意观察事物，给他探索的机会，观察之后，还应问一问他看见了些什么，学会了些什么。当他向你作"报告"时，作为父母，你应该留意倾听

并适时点拨，这会令孩子得到鼓舞。

有目的的引导，让孩子爱上读书

教育心理学家认为，当孩子进入阅读敏感期后，图书就成了他最好的朋友，这一时期一般出现在4岁半至5岁半之间。此时他喜欢我们给他读书，也喜欢自己看书。我们可以抓住这个时机，让孩子养成爱读书的好习惯和正确的阅读习惯。

我们先来看看下面故事中的妈妈是怎么教育女儿的：

"我在一家上市公司做主管，平时很忙，但生了孩子以

后,我还是把一部分精力放到了家庭上,尤其是孩子到了5~6岁的时候,更要抓孩子的教育了。女儿今年6岁了。年初,我就和她爸爸商量,谁有时间,就要带女儿去图书馆。刚好,最近我在电视上看到一个倡议孩子多读书的活动,这一下子激发我将带孩子看书提上了日程。

"以前我是在北京读大学的,第一次上古代汉语课,教授说他这辈子第一次去首都北京,最难忘的不是天安门,也不是长城故宫颐和园,而是首都图书馆。他说当他一走进首都图书馆的大门,立刻就被知识的力量震慑住了,浩瀚的知识的海洋把我们映衬得如此渺小。

"这个周末,我带女儿来到了图书馆,'学无止境',这就是图书馆给我们每个人的感觉。

"刚到图书馆门口的时候,女儿就表现出十分的兴奋,不错,小家伙对读书不排斥。来到图书馆,我先办了读书卡,然后对女儿说:'妞妞,进到图书馆里面一定不能大声说话,因为叔叔阿姨们都在安静地读书学习,声音太大会影响别人,你要像楼下的小妹妹睡着了那样轻轻地走小声地说。'女儿用力点点头'嘘'了一下。

"看了一下图书馆的布局图,我发现儿童读物在三楼。走到三楼阅览室,我再次对女儿'嘘'了一下,女儿非常配合,静静地随着我穿过一排又一排的书架,最后找个位置坐了下来。小家伙找到自己喜欢的读物后,就乖乖看起来。

"到下午五点的时候,我提醒女儿该回家了,她才不舍地离开图书馆。我问女儿有什么感受,她说:'妈妈,以后我们可以不可以自己盖一个图书馆,里面好多好玩的东西。'我知道,我们这一次图书馆之行起作用了,女儿爱上读书了。"

这位妈妈的做法是明智的,她有意识地培养孩子的阅读兴趣,并陪孩子一起读书,相信她的女儿以后一定会自信、健康地成长。

那么,怎样才能使孩子在阅读敏感期就爱上阅读呢?又怎样指导孩子阅读呢?当然,这重在引导。

1.为孩子规定,每天最少阅读10分钟

任何习惯的养成最少需要21天,孩子的阅读习惯也是如此。一开始,我们可以带领孩子阅读,当孩子养成习惯以后,就会把阅读当成每天的精神食粮了。

2.为孩子创设支持性的阅读环境

首先,家长应该对孩子的阅读敏感期的到来感到高兴,对孩子"痴迷"地看书给予理解和支持,并让幼儿知道自己的阅读活动是受到父母允许和赞同的。其次,可以给幼儿布置一个专属的阅读区。

3.懂得鉴别,为孩子找到适合他们的最佳读物

我们不得不承认,现在市场上充斥着各种书刊,并不是什么书目都是适合儿童阅读的,真正有品位、适合鉴赏的并不多。

约翰逊医生说："一个人的后半生取决于他读到的第一本书的记忆。"因此，父母一定要很小心地把第一本书放到孩子的手里。如果一本书不值得去阅读，就不要过于强调儿童阅读的数量，甚至可以不让孩子去阅读，那样只会让孩子装了一肚子的书，却解决不了生活中的一个小问题。所以，父母们引导孩子让他们熟悉并喜欢最优秀的文学作品，不要浪费时间阅读垃圾文字。

4.注意培养孩子的阅读方法

当儿童年纪还小、无法识别很多文字的时候，要教孩子带着感情阅读，这样有利于培养孩子表达能力以及想象力。父母可以选择大号字体印刷的书籍，或者指着文字大声朗读，来帮助孩子们阅读。父母在读书的时候孩子会跟着进入书中的情节，很快孩子就会认识很多生字，并独自阅读。

5.理论与实际结合

为了增强和激发孩子阅读的兴趣，建议家长们将书本上的知识与生活认知结合起来。在和孩子一起读过海洋动物书后，就可以带他去海洋馆看看海豚、海豹到底是什么样子；看过植物书后，则可和孩子一起去野外认识各种可爱的植物。这样就可以使阅读变得很有趣，孩子的读书兴趣就会逐渐培养起来。

其实，让孩子爱上阅读并不是什么难事，关键是家长要知道想让孩子读哪类书，还要进行有目的的引导，只有这样孩子才能够按照家长的期待爱上读书。书中自是知识的海洋，当你的孩子爱上阅读以后，他对于自我修养、气质的培养也自然有一个全面的认知和理解，气质也就能由内而外散发出来！

带孩子投入大自然，让其放松身心

作为父母，不知道你是否还记得，在孩子还很小时，在他还没有行动能力的时候，只要我们将其放到自然空间里，阳光晒在皮肤上、不同的色彩及光线、大自然的芬芳及鸟儿啾啾的声音，都能让孩子手舞足蹈。喜欢大自然和亲近大自然，是人

类的本性，像我们看孩子堆沙丘，不过就是一堆沙，他却可以不厌其烦，每次都玩上大半天，而那些"城市里"的玩具，孩子可能一下就玩腻了，其实最单纯的东西，反而可以创造出多样的变化。

到了孩子5~6岁以后，很多家长认为，孩子该回归到学习中来了，于是，他们会限制孩子的活动。其实，成天把孩子关在屋子里，让他待在狭小的空间里，容易让孩子在枯燥、无味的生活中变得郁郁寡欢，不仅会影响孩子的学习，还遏制了他各种能力的发展，影响其身心健康。因此，家长应把孩子从闭塞的空间里解放出来，创造条件让孩子去感知自然，体会自然的美丽和乐趣，让孩子在自然的怀抱中健康成长。

另外，孩子在学习之余，多去大自然中走走，也有助于他们缓解疲劳、放松自我，对生活在都市里的孩子来讲，他们越来越渴望接触大自然，他们经常说："周末我们去郊游吧。"的确，因为学习任务的不断增加，家长对他们的要求也不断提高，然而在学习重压之下他们越来越缺乏必要的户外活动了，这对孩子身心健康的发展极为不利。

最近，6岁的圆圆心情很不好。

她的爸爸陈先生是个细心的人，他看出来女儿最近的变化，甚至写作业时都在发呆，为此，他找来圆圆，帮助女儿释放心里的不快。

在一个周末，陈先生开着车带着女儿来到郊外，圆圆一下车就深深地呼吸了一口新鲜空气，此时，陈先生对女儿说："能跟爸爸说说你最近怎么了吗？"

"你知道啊，我和阳阳关系很好，我一直把她当最好的朋友，但是她要转到别的学校了，而且很远，我们学习这么忙，估计是没时间见面了。想想以后我一个人上学放学，我就难过。"

"爸爸理解你的心情，你们这个年纪，拥有一份真正的友情很不容易，我相信阳阳也很珍惜你们的友谊，但是圆圆，你想想，你这样一天闷闷不乐的，不仅影响学习，对自己身体也不好啊。其实现在的通讯这么发达，打电话、微信、视频都能见到她，你不必难过。"

"嗯，是啊，今天跟爸爸出来走走，人好多了。"圆圆说。

"以后等你有时间，我会经常带你出来的，置身于大自然，爬爬山、看看水，心情肯定能好很多。"

果然，和爸爸回家以后，圆圆又和以前一样，脸上总挂着笑脸，学习也有劲儿了。

的确，在我们孩子成长的过程中，对于学习、人际交往，难免发生一些不快，产生一些不良情绪。这些不良情绪，一定要找一个发泄的出口，否则，很容易影响身心健康。

对于孩子来说，大自然是他们学习、体验、观察、探索的最好场所，在这里，他们的知识得以丰富，体验得以增长，观察力得以提高。大自然的美好不仅可以刺激孩子的大脑细胞，

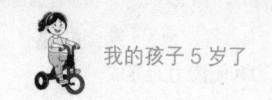

提高大脑兴奋度，提高孩子的注意力；更可以让孩子的情感得以抒发，情绪得以释放，从而发挥更大的潜力。

可以说，大自然是孩子学习知识、体验美与生命力得天独厚的课堂。在这个课堂中，孩子不仅可以感受到大自然的美好，更可以增长见识，愉悦身心。

有些家长总对孩子不放心，对孩子的活动范围过多地加以限制，结果抑制了孩子主动性的发展，致使孩子习惯于一切坐等父母安排，生活自理能力差，遇到新环境、新情况就不知所措。所以，让孩子经常参加一些活动，有助于他们在心理上摆脱对父母的依附，同时可以开阔孩子的视野，增长孩子的见识，培养孩子的责任感、事业心、钻研精神和独立能力等。

因此，如果有条件的话，最好到真正的大自然当中，比如郊区。如不具备条件，可考虑到城市公园等人造的自然风光中去，当然效果会打些折扣。在走入大自然之前，可能还得考虑时间、金钱等问题，多数情况下，这一切都是值得的。

第 05 章

5~6 岁习惯养成黄金期：好习惯成就孩子的一生

心理学家威廉·詹姆士说："播下一个行动，收获一种习惯；播下一种习惯，收获一种性格；播下一种性格，收获一种命运。"从小养成的习惯会伴随人一生，在孩子成长初期，尤其是5~6岁这一习惯养成期，作为父母，我们让孩子从小培养一些优秀的习惯，会使他受益终身，成为蕴藏在他内心深处的取之不尽的资本。

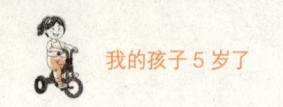

帮孩子养成良好的作息习惯

睡眠专家在研究中发现，充足的睡眠有助于提升表现力、专注力、记忆力、学习能力、情绪管理能力、身体素质以及生活质量。缺乏睡眠可能导致儿童学习能力下降，产生破坏性行为，甚至导致肥胖、高血压、糖尿病、抑郁症等病症。

的确，作为父母，我们都希望孩子学习努力，但我们不能给孩子太大的学习压力，只有让孩子劳逸结合，才是高效学习的前提，而这就需要我们为孩子制订生活规矩，让孩子有个好的作息习惯。孩子休息好了，才能集中注意力学习。

这天晚上，都十二点了，6岁的豆豆还在房间拿着妈妈的手机在看动画片，爸爸看见豆豆房间的灯还亮着，就站在房门外，等豆豆看完手头这一集，然后敲开了豆豆的门。

"豆豆，你知道几点了，对吧？不早了哟。"

"我知道，可是明天周末呀，没事的。"豆豆为自己找借口。

"可是你知道吗？你今天晚睡，明天就要睡懒觉，明天晚上又会睡不着，循环往复，你的作息时间就会被打乱，伤身体不说，还会影响你的学习效率。"

"嗯，爸爸你说的对，健康的前提还是要有规律的作息时间……"

良好的生活习惯，源自平时作息时间的保持。不少孩子缺乏这种作息时间观念，更谈不上养成。只有合理安排好自己的作息时间，使生物钟能够保持正常的周期，人体才会感觉到精力旺盛。大量资料表明，凡是生活有规律、勤劳而又能劳逸结合的人，不仅工作效率高，而且健康长寿。

当今社会已经不是一个"头悬梁锥刺股"即能成功的社会，学习上也是，时间加汗水，加班加点，牺牲休息时间，完全不顾自己的身体，这种做法有损身体健康，又没有效率，往往事与愿违。并且，5~6岁的孩子，还未真正进入小学，更没有紧张的学习压力，不必挑灯夜战。

从孩子5~6岁开始就让他们养成良好的作息习惯，这对于日后他们的学习生涯也大有裨益。另外，我们还可以让孩子在学习之余，打打球，唱唱歌，去郊游等，紧张的心情得以放松，压力自然也就得到缓解。同时，广泛地培养兴趣，让孩子做一些舒心的事，也都有利于减轻压力。

那么，我们如何引导孩子养成早睡早起的习惯呢？

1.每天保证8小时睡眠

我们要为孩子规定，晚上不要熬夜，定时就寝，中午坚持午睡。充足的睡眠、饱满的精神是提高效率的基本要求。

2.家长也尽量做到早睡早起

有必要的话，父母可以和孩子一起养成早睡早起的习惯，

最好全家人都动员起来，以营造良好的环境、氛围来协助孩子调整好生物钟。只要生活有规律了，无论什么季节，孩子都能拥有健康、元气饱满的每一天！

3.用饮食来协助调整

饮食也会影响睡眠，如果晚餐吃得过饱或摄取热量过高的食物，孩子可能会出现肠胃不适，或者精力过于充沛，都会导致睡眠质量不好。如此的恶性循环，不只对于孩子的健康十分不利，对成人也一样，因此，我们和孩子都要注重早餐吃饱、午餐吃好、晚餐吃少的原则。

4.告诉孩子要睡好午觉

我们不要忽视午觉的作用。在午餐和晚餐中间，一般人都会觉得头昏脑胀，思路缓慢，好像也不太能集中精神，这是人正常的生理反应。愈来愈多的证据显示，在经过半天的活动之后，有一股力量会驱策我们休息一下，同样，对于学习阶段的孩子来说，更应重视午觉的作用，过度的用脑会对大脑发育有不利影响，也不利于下午的学习。

5.给孩子制订生活作息规矩

给孩子制订一个生活作息制度，每天什么时间干什么，给孩子讲清楚，没有特殊情况不要变动。并且，要持之以恒。每天都坚持让孩子早睡早起。不能一到周末就玩至深夜，周日早上全家人都赖在床上不起来，这样很难使孩子养成良好的睡眠习惯。相信时间长了，孩子会养成遵守作息制度的好习惯的，当然，养成好习惯不是一天两天的事情，需要我们用耐心引导，一定不能操之过急。

因势利导，审美敏感期要抓牢

儿童心理学家认为，5~6岁是孩子的审美敏感期，在这一敏感期时，孩子开始关注自己，关注审美，此时，抓住孩子的这一敏感期，培养孩子正确的审美观和提升其审美能力，对孩子一生有着至关重要的作用。

的确，爱美之心，人皆有之。我们培养孩子，其中重要的一点内容就是丰富孩子的精神内涵，从而让孩子获得气定神闲、温文尔雅、落落大方的气质，更深层次的，就是让孩子成为一名有品位的现代人，可以说，品位的获得，离不开审美能力的培养。因此，父母就要让孩子从小学会欣赏美，明白何为美，何为丑。

那么，父母该怎样在儿童追求完美敏

感期内培养孩子的审美能力呢？

1.引导孩子树立正确的审美观

审美品位的高低，最能反映人的气质。怎样培养孩子具备较高层次的审美意识，以便让他们在富有个性的审美中建立自尊与自信呢？

一位智慧的妈妈这样介绍了自己的经验：

我和孩子爸爸都是民营工厂的职工，两个人的收入都不高，孩子幼儿园的学费都要好几千了，我们平时根本不敢乱花钱。可能是出于女孩的天性，她很爱漂亮，看到班上或者邻居小姑娘着装艳丽，或戴项链、手镯，不免流露出几分羡慕。她悄悄地问我："我也想涂红指甲，妈妈说好不好看？"

我知道，孩子是越来越爱美了，必须加以引导。于是，有一天，我在毛衣厂买了一些剩下不用的毛线，我把五颜六色的线头一截截接好，给孩子织了十来件衣、裙、裤、背心，利用颜色俱全的特点，精心设计出富有儿童情趣的款式和图案。

女儿穿上这些衣服，平添了几分聪颖、活泼。小朋友们羡慕极了，好多阿姨也都借她的衣服做样子。

后来，我再问女儿："你还要那些粉色棉袄和项链、戒指吗？"她赶忙说："不要不要了，像个小大人，多俗气！"

当孩子年龄还小的时候，往往对一些颜色较多，较鲜艳的衣服、首饰比较感兴趣，而父母应通过正当的方法，引导孩子树立正确的审美观,以免孩子陷入错误的审美意识中,阻碍审美能力的发展。

2.让孩子接触多元的审美

可以带孩子出入一些审美场合,当然,这种审美活动要在孩子年纪相当,且已经有独立的审美能力,能对美产生一定的见解的时候。比如带女儿去参加宴会,让她接触一些潮流信息;也可以带孩子出席音乐会、画展等活动,孩子的眼界也会因此而开阔很多的。

3.让孩子学会创造美

欣赏美也只是审美的前奏,真正应该让孩子学会的是创造美,比如让孩子学会独特地装扮自己,因为美丽的最高境界就是拥有自己的个性,不随波逐流。

一位很喜欢和女儿一起创造奇迹的母亲,这样介绍了自己的经验:

从孩子4~5岁的时候,我就和她一起培养了一个共同的爱好——做衣服。一次,我对女儿说:"我们一起来设计和动手做一件世界上最美丽的衣服怎么样?你来画图和设计,我来帮忙剪裁,我们一起动手,相信一定会很棒。"

女儿立刻来了兴致,对我的建议表示赞同。没过几天,女儿就设计好了她所喜欢的衣服样式——一件非常漂亮的小裙子,上面还有一个卡通小姑娘,比其他女孩的喜羊羊好看、有新意多了。接着,我和女儿又一同去购买了相关的材料,布

料、扣子等。几天的时间，女儿的衣服就做好了。

女儿穿着这件衣服去了幼儿园，很多小朋友都羡慕她，女儿也开始对自己的审美越来越自信了，她告诉我，她长大了一定要成为一名知名的服装设计师。

一个会审美的孩子不会停留在欣赏美上，而是会把自己独特的审美能力用在创造美上，可以说，很多著名的服装设计师最初的动力就来源于此。

以上几点是父母对孩子审美能力的培养必经的几个过程，这个过程是循序渐进的，有正确的审美意识，才能产生一种审美能力，进而转换成一种审美创造力，具备这种能力的孩子必当是个在审美上有独特见解的人，也更有创造力。

勤俭节约是美德

现实生活中，在孩子中间存在令人瞠目结舌的铺张浪费现象。而究其原因，孩子手中的钱财最终来源于父母。所以，孩子浪费的习惯是父母约束不力造成的。父母的过分溺爱，让孩子们丧失了自我控制的能力，占有欲望无限膨胀，只要自己喜欢，不加以思考就向父母要钱去买。一旦对某个贵重物品丧失兴趣，就会毫不思索地丢弃。

虽然很多学校教育也提倡孩子勤俭节约，但这治标不治本，因为孩子心智还没成熟，很容易受外界因素的影响。奢侈的风气让孩子们之间互相攀比，谁花的钱多谁就有威信，这更容易让孩子走上歪路。很多老师虽然反对孩子的奢侈浪费行为，平常也会批评孩子，但这不能从根本上纠正孩子不良的生活习惯，很难让孩子有所改变。而作为孩子经济来源的父母，言传身教就是改变孩子铺张浪费习惯的最好教育方式。其实，让一个孩子养成某种习惯并非难事，关键看家长怎么教育。所以，家长应该以身作则，培养孩子勤俭节约的品质。

为了让孩子养成勤俭节约的好习惯，家长可以试用下面的方法：

1.让孩子清楚金钱得来不易

父母应该在假日帮孩子找寻参加劳动服务的机会。比如让孩子在家帮忙做家事，付给他一些酬劳。其目的在于让孩子明白金钱来之不易，它是经过艰辛的汗水换来的。从而培养孩子养成自力更生、勤劳的好习惯。并进一步激发孩子刻苦学习、积极的进取心和责任感，懂得人立足社会、学会生存的艰辛，从小立下创业的志向和决心。

2.经常教育孩子建立"勤俭光荣，浪费可耻"的价值观

在家里不能娇惯孩子，对孩子的要求不能盲目答应，合理的给予满足，不合理的，一定不能迁就。不该浪费的，小到一张纸、一滴水也不能浪费。要跟孩子讲道理，不要孩子一闹，大人就妥协，同时多跟孩子讲些勤俭节约的故事来激励他们。

3.引导孩子有计划、明智地消费

俗话说:"不当家,不知道柴米贵。"父母要多让孩子深入生活、了解生活、体验生活,从而明白如何更珍惜生活,珍惜付出后得来的成果,这一点对他们的成长必定会有深远的影响。

4.家长以身作则

家庭教育是教育的重要方面,家长是孩子的一面镜子,也是孩子的第一任老师,因此,家长要以身作则。生活中,很多孩子在吃、穿、行上攀比成风,随意浪费粮食甚至为了摆阔气乱点很多菜,吃不完也不打包带走,究其原因,还是家长对孩子的影响不够。如果家长在生活中就不懂得勤俭节约,让孩子自己学习勤俭节约也是不可能的。

5.让孩子从生活中养成勤俭节约的习惯

比如,我们可以定下规矩:吃饭时不剩饭,饭菜不随意扔掉;用水时水龙头不要开得太大,用完后要关紧水龙头;不丢弃没写完的作业本和纸张,可以留做草稿纸或他用,养成双面用纸的好习惯;生活中注意节电,光线充足时不开灯,充分利用自然光,随手关灯,人走灯灭。当然,家长也要以身作则,让孩子在潜移默化中养成勤俭的习惯。

6.对孩子的物质要求不要总是有求必应

随着生活水平的提高,许多家庭的生活条件优越,家长对于孩子也是有求必应,孩子生长在这种环境中,没受过苦难，不懂得珍惜得来不易的日子。他们认为生活条件好了，不愁吃，不愁穿，浪费一点也没什么，因此节俭也就成了一句空话。

事实上，造成这些现象的主要原因是父母过于宠爱孩子，孩子爱怎样就怎样，家里有钱，父母也百依百顺。很多父母觉得自己小时候什么都没有，现在又不穷，干吗还让孩子受苦？

7.让孩子体验"苦日子"

人们也常说："有钱难买幼时贫。"在吃的穿的方面要节俭，这并不是让孩子去过真正的苦日子，而是让他过大众化的生活，忆苦思甜。

节俭习惯的养成，是一个日积月累、循序渐进的过程。父母要把孩子培养成有志向、有出息的人，勤俭节约、艰苦朴素的教育是不可或缺的，而5~6岁是孩子行为习惯养成的最好时机，让孩子养成勤俭节约的习惯刻不容缓！

培养孩子认真专注的好习惯

马虎粗心是人类性格中的一个缺点。无论成人或孩子，因为马虎粗心而造成不良后果的事件很多。可以说，马虎粗心就是缺乏责任心的表现，作为父母，我们只有培养孩子的责任心，训练其缜密的思维，注意细节问题，才能在未来社会的竞

争中立于不败之地。

很多父母发现,5~6岁的孩子很可爱,也好学,但就是太粗心马虎了,其实,孩子有这样的毛病,多半是家长没能在小时候多加培养,没有给儿童养成细心认真的好习惯所导致的。粗心的毛病容易给人带来麻烦,不但要影响孩子的学习成绩、升学考试,还有可能给人们的生活带来不幸,给社会带来灾难。

"小马虎"从表面上看似乎不是什么大毛病,但若不及时纠正,却可能造成严重后果。对此,我们就要在孩子还小的时候,纠正孩子马虎粗心的缺点,不要使其成为习惯。要纠正孩子马虎粗心的习惯,首先要找出他们马虎粗心的原因。

引起马虎的原因,多与家长的教育有关系,如果在儿童幼年时期没有对他们进行过系统的训练,或是常让孩子一心二用,边看电视边写作业,或是让孩子在一个嘈杂混乱的环境里学习,都有可能养成儿童粗心马虎的毛病。

那么,怎样培养孩子认真专注的好习惯呢?

1.从培养孩子的责任心做起

孩子的马虎粗心,最根本原因是缺乏责任心。一个有很强责任心的人,做任何事情都不可能马虎、不可能粗心。所以要纠正孩子马虎粗心的习惯,要从责任心的培养做起。因为有了责任心,他自然能够小心谨慎地对待每一件事情,避免马虎。

家长们应少一些包办、少一些关照、少一些提醒，让孩子自己处理自己的事情；让孩子多承担一些家务劳动，多做一些力所能及的事情，以培养孩子的责任心。有时候家长要狠得下心来，让孩子吃苦头、受惩罚。

比如，上学前让孩子自己整理该拿的东西，如果他忘了，你也不要给他主动送去，而要让他受批评、受教育。再比如，孩子外出之前，让孩子自己准备外出所带的食品和衣物。家长只做适当的提醒和指导，不要大包大揽，也不要强行将自己的意志强加于孩子，等他少带了食品，少带了衣物，或落下别的什么东西，在外吃了苦头的时候，他自然会吸取教训，责任心自然而然地会加强。等下一次外出的时候，肯定不会粗心，肯定不会丢三落四了。

2.从培养好的生活习惯做起

我们发现，如果一个孩子的房里一团糟，鞋子东一只西一只，他的作业往往字迹潦草、页面不整，做事丢三落四、凭兴致所至，观察没有顺序、思考缺乏条理，表现出典型的马虎粗心的特点。因此，从生活中小事做起，培养孩子良好的生活习惯，能减少孩子的马虎粗心。常用方法是：让孩子整理自己的衣橱、抽屉和房间，培养孩子仔细、有条理的习惯；让孩子安排自己的课余时间和复习进度表，培养孩子有计划、有顺序的习惯。通过改变孩子的行为习惯来改变他的个性，天长日久，孩子的马虎粗心就会渐渐减少。

3.培养孩子集中精力学习的好习惯

有的家长,不管孩子是不是正在学习,都把电视机开着,或者自己打牌搓麻将,这些做法都会造成对孩子的干扰,使他不能集中精力去学习,久而久之,儿童便养成了一心二用的坏习惯。有的孩子放学回家以后,总是先打开电视,然后边看边写作业,或者耳朵上戴着耳机,一边摇头晃脑地唱着歌儿,一边做习题。试想,这样怎么能聚精会神呢?

4.引起孩子对考试的重视

虽然家长和老师不要过分看重分数,不要给孩子增加太多的考试压力,但这并不意味着让孩子轻视考试,对考试漫不经心。考试毕竟是检验孩子学习状况的一种手段,应该让孩子重视起来。对考试重视的孩子,也就能在做其他事上认真起来了。

5.培养孩子认真的习惯

有些孩子马虎,是和性格分不开的,一般来说,马虎粗心的孩子开朗、心宽、不计较。这是他们性格中的优点,应该加以肯定、保护,但性格外向的孩子更易患马虎大意的毛病。所以,更需要家长在性格上多加培养,引导他们遇事认真、谨慎。

认真是任何人要做好一件事情的前提,如果对什么事情都敷衍了事,草草出兵,草草收兵,必然做不好。然而,要孩子克服马虎的毛病,需要家长的指导和帮助。光靠说教不行,要靠平日里的习惯培养，久而久之，孩子也就有了自我控制的能力，把认真当成一种习惯。

引导孩子养成运动的习惯

我们都知道，生命在于运动，美国运动医学院的研究表明，正确的运动可帮助人们持久保持健康活力和苗条体态的程度高达70%。现实生活中，不少家长认为孩子只要认真学习就可以，而忽视了对孩子身体素质的历练，这导致了不少孩子抵抗力差、免疫力不足等，而实际上，体育锻炼对于改善神经系统的调节机能，对于孩子学习能力的提高，以及工作效率的提高，都起着积极作用。

一些父母认为，5~6岁的孩子并不适合运动，其实不然，这个阶段是孩子身体发育的关键时期，

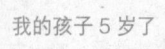

除了一些强度大的运动，孩子都可以尝试。另外，孩子养成运动的习惯，能帮助他们更好地应付未来的学习生涯。

体育锻炼对身体的良好作用，也是通过神经系统的影响而实现的。经常进行体育锻炼的人，大脑皮质神经细胞的兴奋性、灵活性和耐久力都会得到提高，灵活性提高了，反应也就更快了，从人体活动上看，表现出机灵、敏捷的特点，它自然反映着大脑本体的敏锐、灵活，使学习和工作都处于最佳状态，并能坚持较长时间。经常进行体育锻炼的人，在自然环境中接受寒冷和炎热的刺激，从而提高对环境变化的适应能力和对疾病的抵抗能力。

飞飞是个很乖的男孩，从小就很听话，在幼儿园的表现也很不错，他的爸爸妈妈相信，以后进入小学，他也一定会认真学习。他唯一让爸妈操心的是他的身体，他从小体弱多病，动不动就感冒，每个月他都要请几天病假，这不，爸爸妈妈又带他来医院了。

"医生，您说我的儿子怎么回事，体质太差了。"妈妈顺便问医生。

"他平时吃的怎么样？"

"还行，不挑食，但吃不了多少。"

"那体育锻炼呢，多久锻炼一次？"医生追问。

"他几乎不锻炼，平时放学回家就在家待着。"

"那怪不得了，孩子不运动，身体怎么能好得了。"

"原来是这样啊……"

的确，生命在于运动，适量的运动和合理营养结合可促进孩子生长发育、改善心肺功能、提高耐久力、减少身体脂肪和改进心理状态等。这种经济、实用、有效、非药物又无副作用的措施，对于提高孩子健康水平起着重要的作用。

因此，作为父母，只要有条件，都要引导孩子积极进行体育运动，并形成规矩，久而久之，当孩子养成了运动的习惯后，不但消除疲劳，还能减少或避免各种疾病。

那么，具体来说，我们该如何引导呢？

1. 多和孩子一起运动

孩子通过运动增强身体素质和智力能力的开发，不仅需要父母有运动的意识，还需要父母切切实实做到言传身教，因为身教更能使孩子积极地参与。因此和孩子一起运动，引导孩子运动，是父母培养孩子拥有好习惯的必要内容。

2. 不断学习，了解各种运动的好处

在平时的生活中，可以给孩子多介绍一些运动的好处，培养孩子热爱运动的兴趣。

体育运动项目丰富多彩，各种活动对孩子的影响也不尽相同，因此作为父母，首先要了解各种运动的意义，针对不同情况加以引导。例如，可以告诉孩子足球这项运动讲究的是团体合作，如果孩子缺乏这种意识，可以引导孩子尽量朝这方面发展，这样不仅锻炼了身体，也完善了孩子的性情。通过细致地

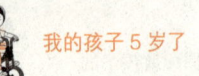

了解各种运动的益处，有选择、有目的地引导孩子朝这方面发展，会收到意想不到的好效果。

3.帮助孩子选择合适的运动方式

运动分成有氧运动和无氧运动两种，无氧运动一般都是短时间高强度的，对人的意义不大，弄不好还容易伤到自己。最好还是有氧运动，对人不但有锻炼身体的效果，而且还能调节情绪问题，有效地应对情绪中暑。

常见的有氧运动项目有：步行、快走、慢跑、滑冰、游泳、骑自行车、打太极拳、跳健身舞、跳绳、做韵律操等。有氧运动特点是强度低、有节奏、不中断和持续时间长。同举重、赛跑、跳高、跳远、投掷等具有爆发性的非有氧运动相比较，有氧运动是一种恒常运动，是持续5分钟以上还有余力的运动。当然，无论做什么运动，你都要做到坚持，而不能三分钟热度。长时间坚持下来，你会发现，自己不仅拥有了一个健康的体魄，还能经常释放心理压力，重新获得学习的能量。

4.充分利用社区的体育器械

一般来说，每个小区都配备了一套基本的锻炼身体的体育器材，父母每天上班前或下班后来这里锻炼锻炼，孩子可能因为跟风意识，不由自主地就和父母一起来锻炼了。不仅如此，一般小区的孩子都愿意在这里玩耍，孩子们可以一边玩一边锻炼身体，既锻炼了身体，又沟通了孩子之间的感情，何乐而不为呢？

5.周末多安排运动来休闲

双休日时,父母不要把大把的时间放在睡懒觉、逛街、看电视上,应该有计划地和孩子进行爬山、郊游等活动,让孩子选择喜欢的地点一起去游玩,这样不仅可以调动孩子游玩的积极性,还锻炼了身体。在亲近大自然的过程中,孩子的性情会得到很好的陶冶、熏陶。爬山需要付出体力,既增强体质,又磨炼意志,这对孩子良好素质的浸染作用不可低估。

6.送孩子去喜欢的体育项目培训班

孩子们通过电视、网络等媒介,可能对某些体育项目非常感兴趣,比如男孩子受武打片的影响可能喜欢武术、跆拳道,受体育比赛的影响,喜欢游泳、射击等活动;女孩可能喜欢婀娜多姿的芭蕾舞,喜欢优雅的瑜伽等。这时,父母应该积极鼓励孩子发展这些爱好,给孩子报培训班学习,让孩子在兴趣中达到强身增智的效果。

当然,我们提倡孩子养成运动的习惯,但运动不能超越身体极限,对于5~6岁的孩子来说,我们更要了解他们在这一年龄段的体能,以免发生危险。

第 06 章
5~6 岁品格塑造关键期：引导孩子成长为善良阳光的好孩子

在我们生活的周围，有一些孩子总是很讨人喜欢，他们"得道多助"，无论走到哪里，都有朋友，都不会感到孤单，这是因为他们有阳光般的品格，他们善良、有爱心、乐于助人，且坚强、乐观，总是能给他人带来正能量，能让周围的人感到快乐。我们父母不仅要教育孩子掌握知识、提高学习成绩，还要培养他们的好品格。教育心理学家认为，5~6岁是品格塑造关键期，抓住这一时期培养孩子的优良品质，将对孩子一生产生积极的影响。

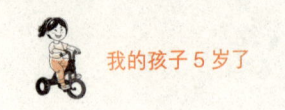

言传不如身教,父母要做好品质的引路人

相信不少父母听到过这样一句流行语:"一流的父母做榜样,二流的父母做教练,三流的父母做保姆。"家庭是社会的细胞,是孩子生活的第一场所,孩子的眼睛就像照相机,每天拍下了父母的形象。家庭是一个复印机,父母是原件,孩子是复印件。

模仿是幼儿阶段主要的学习方式,特别是行为习惯方面。成人有意识地为幼儿树立榜样是有效的教育方法。

家长是孩子第一个模仿的对象,家长一定要以身作则,鲁迅先生曾尖锐地指出:"父母不仅可以把自己的优秀品质传给后代,其恶劣性、不良性格、不好的生活习惯也会潜移默化地影响孩子。"孩子是父母的一面镜子,家长的行为,常在孩子身上反映出来。因此,家庭成员间互相关心,邻里间的互相帮助等,都能直接地教育孩子。当家长在接受了别人的帮助以后,及时地对别人说声谢谢;在收到礼物的时候邀请孩子和自己一起写感谢卡等。有了大人的示范,再遇到类似的情形时,孩子自然而然就会学着大人的做法。

同样,对于孩子的品格教育,更需要我们父母做到言传身教,让我们的行为刻在孩子的脑海中,尤其是孩子5~6岁的时候，此时是孩子品格塑造的关键期，我们家长不可忽视。

无数事实证明，父母的一言一行对孩子的影响是巨大的，如果父母说话大嗓门，那孩子讲话也必然不能细声细语；父母说话无所顾忌，孩子自然也会大大咧咧……所以要想培养出孩子优雅的谈吐，父母必须以身作则。

那么，具体来说，我们要从哪些方面对孩子言传身教呢？

1.培养孩子的是非观念

也许你从前已经教育孩子要知道什么是是非，但孩子毕竟是孩子，他们极其容易受到影响甚至改变，因此，作为父母，我们一定要经常对孩子进行一些是非观念的培养，要让孩子知道一些行为不仅是可耻的，而且还可能是违法犯罪，比如偷盗、抢占、欺骗等是可耻的，也不容许同样的事再次发生。对孩子进行培养，必须先从帮助他们形成正确的是非观念，增强是非感开始。

2.做有爱心的父母才能培养有爱心的孩子

父母是孩子的镜子，孩子是父母的影子。只有富有爱心的父母，才能培养出富有爱心的孩子。孩子时时刻刻把父母作为自己的榜样，父母的一言一行都在潜移默化地影响着孩子，身教重于言教就是这个道理。因此，父母平时就要注意自己的言行举止，做到孝敬老人、关心孩子、关爱他人、乐于助人等，让孩子觉着父母是富有爱心的人，自己也要做一个富有爱心的人。这些就能强化孩子的爱的意识，又能以充满爱心的表率行

为导之以行，就能使孩子产生一种积极的仿效心理。

欣欣是个很可爱的女孩，左邻右舍都很喜欢她。她的父母在家总是很尊敬长辈，经常教育她要有家教，要有爱心，妈妈经常对其他阿姨夸欣欣："吃饭时她会主动为我们摆好碗筷，我们没有吃饭，她自己从不一个人先吃。桌子上摆了水果，她会主动选最好的给父母吃，从来不自己一个人独吃。她事事都是首先能够想到别人，我们有时候真是为她感动。"

3.以日常点滴为示范

父母平时要尊老爱幼，热心助人，做关心他人的楷模，为孩子提供具体形象的学习榜样。

如：吃饭时为父母夹菜，晚上为父母洗洗脚，邻居家遇到困难时主动去帮帮等。孩子的眼睛就像录像机，父母的一言一行会深深地打动孩子的心，在孩子幼小的心灵里埋下爱的种子。

陈凤是一所小学的老师，在她嫁给丈夫的第二年，婆婆就瘫痪了，陈凤就担当起了照顾这个瘫痪老人的重任，甚至在怀孕期间，她都没有间断。转眼，女儿也长到8岁了。而陈凤对待老人尊敬孝顺，不仅感动了周围的邻居和同事，也感动了自己可爱的女儿，她的孝心得到了回报，女儿每天坚持要帮妈妈洗脚。

开始时，陈凤觉得自己能干的活，没有必要让孩子做，可是在孩子的一再坚持下，她也就接受了孩子的"服务"。后来，劳累了一天的陈凤回到家里，睡前女儿为她打好洗脚水、洗脚已经成了习惯，用陈凤的话说"孝心是可以传递的，你想让自己的子女怎么对待自己，你就怎么对待老人"。陈凤说："女儿也很懂事，不用我为她操心。"去年，女儿因为品学兼优被评为"三好学生"。

有付出就有回报，毫无保留地孝敬老人，若干年以后，父母也会实现角色的转换，被女儿孝敬着，陈凤就做到了。家长要以身作则、施教要潜移默化。俗话说："言教不如身教。"孩子在和家长长期接触中会习得一些良好行为习惯。特别是孝顺公婆这一点，如果母亲本身做得不到位，那么女儿也难以有真正的孝心。

总之，作为父母，我们的一切行为都会给孩子带来示范作用，我们做好孩子行为的榜样，帮助孩子获得积极阳光的好品格，这将让孩子受益一生。

小小帆船不怕风浪

现今社会中，我们越来越多的父母开始重视孩子性格的塑造，在孩子性格的塑造中，有重要的一项——抗挫折能力。让孩子接受挫折教育，无论对一个人完整人格的塑造，还是对促成其事业的成功，都具有相当积极的意义。

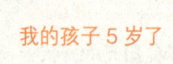

心理学家们为挫折这样定义:"挫折是一个人从事有目的的活动时,由于遇到障碍和干扰,其需要不能满足时的一种消极的情绪状态。"既然挫折是一种消极的情绪状态,即应该帮助孩子积极起来,就应该告诉孩子,战胜困难最好的方法是勇敢面对,过度的受挫,会使孩子失去自信心,变得十分自卑和软弱。

同时,教育心理学家也指出,对孩子进行挫折教育也要尽早开始,而5~6岁是孩子品格和意志力塑造的关键时期,此时我们就要开始在生活中对孩子进行潜移默化的教育。当孩子在遭受挫折后,家长要有意识地告诉孩子,战胜困难最好的方法是勇敢面对。因为孩子不会正确评价自己而依赖他人,尤其是父母。孩子往往把父母的期望当作标准,衡量自己的成绩与言行,由此得出自己好与坏、有无能力的结论。受挫后,孩子会因自己实现不了父母的期望而感到挫败,得出自己"无能"的结论,感到自卑。如果家长不注意孩子的身心动态,孩子会感到事事失败。这一次次失败就像溃堤的蚁穴，严重侵蚀着孩子的自信心。

对待孩子的受挫心理，很多家长持"避而远之"或干脆"拒之门外"的态度都是错误的，家长要做到的是，给孩子足够的勇气，勇敢面对，才能抛弃受挫的阴霾。

的确，只有放开手脚，让孩子自己在人生的海洋中去搏击，孩子才能经得住风浪，而不至于被淹没。走出替代的误区，这已经是现代父母必须具备的素质。遗憾的是，大部分人在实施时只追求热闹的外在形式，忽视了人才培养的根本要素和这种教育方法可能导致的消极作用，使挫折教育步入误区，那就是帮助孩子走出受挫的心灵阴影。

为此，我们父母在生活中培养孩子的抗挫折能力很有必要，我们需要从以下几个方面努力：

1. 父母的心态影响到孩子的心态

作为父母，我们也是孩子的老师。父母如何对待人生的挫折，首先是对父母人生态度的一个考验，其次是对孩子给予何种影响。

如果我们在挫折面前积极乐观，把挫折看成一个人生的新契机，那么孩子在我们家长的影响下，也会直面人生的各种挫折，以积极的心态去迎接各种挑战。反过来，如果我们在挫折面前消极悲观，回避现实，那么只能降低自己在孩子心目中的威信，更不利于教育孩子正视挫折。

2.放手让孩子自己去经历挫折,而不是包办一切

人生之路,谁都不会事事顺心,有掌声也有挫折,有阳光明媚,也有风雨交加。人生往往挫折坎坷比平坦之路更多。我们的孩子还小,将来还要面对复杂多变的社会,所以,我们要从小让孩子学着面对逆境和挫折,绝不能替孩子包办一切,让其失去锻炼机会。

3.鼓励孩子勇敢面对

孩子在任何时候,都需要父母的支持,挫折发生时,鼓励孩子冷静分析,沉着应对,找到解决挫折的有效办法。平常和孩子一起探索战胜挫折、克服消极心理的有效方法,帮助孩子进行自我排解,自我疏导,从而将消极情绪转化为积极情绪,增添战胜挫折的勇气。在父母鼓励下战胜挫折的孩子,定能学会抵抗挫折,他们就会成为一个在人生路上不断前行的勇者。

4.对生性懦弱的孩子,父母应注意以下几点

(1)帮助孩子正确认识"挫折"。如通过给孩子讲英雄人物成功前的挫折或爸爸妈妈小时候遇到挫折的故事,让孩子懂得生活中随时可能会遇到挫折,只有勇敢地去克服困难,本领才会越来越大。

(2)和孩子一起面对挫折。教给孩子一些对待挫折的方法,如自我鼓励:"这次虽然没得到第一名,但比在中班有进步了";再如补偿法:"我跳舞不行,可画画不错,要努力画,争取参加书画比赛。"

家长应为孩子提供获得成功的机会。要根据孩子的个性特点、能力水平提适当的要求，让孩子做力所能及的事，通过成功自我激励，体验成功的喜悦，获得信心。再根据孩子实际水平，设置一些经过努力能够克服的困难，使孩子在克服困难中不断前进，正视挫折。

总之，作为父母，要让孩子明白，人生路上，免不了挫折。如果我们希望孩子能在未来社会独当一面，能成为一个敢于面对逆境和挫折的人，就要让孩子从现在开始就从容面对，而不是无奈逃避。让孩子明白挫折是生活的一部分，学会正确地看待挫折，孩子才能更快地成长、成熟，将来才会更好地把握自己的人生！

让他做阳光下的向日葵

乐观的人往往善于在平凡的日常生活中找到快乐，在不愉快的情境中找回欢乐，能轻松自如地化解一些尴尬，以积极的心态来面对生活，不但自己整天开开心心，也因此感染别人，使别人也同样感到快乐。可见，乐观的心态对人来说是很重要的。

对孩子来说，父母可以给他们的最佳的礼物就是一份乐观的心态。心理学的研究发现，只要孩子对自己持正面的看法，

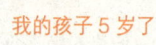

对未来有乐观的态度，那父母就大可放心，这孩子这辈子不会离幸福太远。乐观孩子的重要表现之一，就是懂得对事情做正面的思考。有一个孩子，有次老师当众批评他的历史成绩。大多数孩子都会因此而觉得有失颜面而耿耿于怀。然而他做了心态上的调整，笑着跟妈妈说："幸好老师批评的是我最烂的一门科目，如果我最好的一门科目还被他批评，那我不就更惨了。"这就是正面思维的能力，有这样的正面思维能力，就是乐观特质的精彩展现。正向思维能力是在日积月累中形成的，只要平时多花点心思，父母亲就能帮助孩子培养出乐观的正向思考习惯。

我们还发现，那些成功人士，无不有着乐观的心态，而他们乐观的心态，是在经历了人生的磨难和生活的历练以后获得的，而相反，现在很多家庭，父母辛苦打拼，全部心血都是

为了孩子。家长满足孩子的一切要求，好吃的，好穿的，好玩的，甚至还想要给孩子留下一笔可观的财产，想着孩子的一辈子。可是这样优越的生长环境，却造成了孩子心灵的空虚，凡事悲观消极、闷闷不乐。这正是吃苦教育的缺失造成的。

乐观的心态不是每个人都会拥有的，但是可以培养，从童年时代就应该开始培养。儿童教育学家认为，对孩子阳光性格的培养最好从5岁就开始，此时的儿童已经具备一定的行为能力和认知能力。作为家长，我们不要只注重孩子的身体和智商，更要注重他们健康心理的形成，那么，培养儿童积极乐观的心态，家长该如何做呢？

1.勿对儿童控制过严

作为家长，当然不能对孩子不加管教、听之任之，但是控制过严又可能压制儿童天真烂漫的童心，对孩子的心理健康产生消极作用。不妨让孩子在不同的年龄阶段拥有不同的选择权。只有从小能享受选择权的孩子，才能感到真正意义上的快乐和自在。

2.物质生活避免奢华

物质生活的奢华会使得孩子产生一种贪得无厌心理，而对物质的追求往往又难以获得自我满足，这就是为何贪婪者大多并不快乐的根本原因。相反，那些过着简单生活的孩子，往往只要得到一件玩具，就会玩得十分高兴。这也是穷养孩子的要

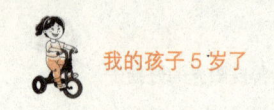

义之一。

3.让孩子拥有适度的自信

拥有自信与快乐性格的形成息息相关。对一个因智力或能力有限而充满自卑的孩子，家长务必发现其长处并发扬光大，审时度势地多作表扬和鼓励。来自家长和亲友的正面肯定无疑有助于孩子克服自卑、树立自信。

4.创建快乐的家庭气氛

家庭的气氛，家庭成员之间的关系，在很大程度上会影响儿童性格的形成。研究表明，孩子在牙牙学语之前就能感觉到周围的情绪和氛围，尽管当时他还不能用语言来表达。可以想见，一个充满了敌意甚至暴力的家庭，绝对培养不出开朗乐观的孩子。

5.不要苛求完美

父母不可太过于追求完美，父母如果总是对孩子表示不满和批评，会伤了孩子的自尊，失去自信。

教育是一门艺术，每个孩子的教育结果就是父母的艺术成果，历经磨练的儿童往往更乐观，面对问题和挫折更能以平和、阳光的心态面对，好心态能让孩子在成长的路上走得更稳健！

要尽早在孩子心里种下善良的种子

人们常说："人之初，性本善。"孩子的本性是善良的，在他们还小的时候，他们看到一些不公平的现象，他们会产生情绪，他们看到小动物，也会表现出怜爱的心理。然而，后来的成长中，一些父母往往对给孩子进行一些特殊的教育，例如，灌输"社会尔虞我诈""人与人之间钩心斗角""别人打你，你也打他，打不过就咬""咱们宁可赔钱，也不能吃亏"。这是现在很多父母在教育孩子时经常说的话。也许父母的本意没有错，即告诫孩子学会保护自己，小心上当。可是这些父母都忽视了对孩子进行善良教育，特别是孩子们的母亲，要用自己的爱，教育孩子要善良，让孩子从小培养博爱、同情、宽容等品德。

一个健康的孩子就好比一棵树，必须以善良为根，正直为干，丰富的情感为蓬勃的枝丫，这样才能结出美丽善良的果子。孩子的情感及其修养是人道精神的核心，必须在童年时细心培养，否则难有效果。

小璐是个很懂事、很善良的孩子，而她善良的性格得益于爸爸的早期教育。爸爸常常给小璐讲故事、讲历史。小璐至今保存着两块珍爱的徽章，一块上面写着"博爱"，一块上面写着"天下为公"，她常常将它们别在胸前，那是小时候爸爸送给她的，爸爸希望她长大成为一个爱自己的国家、爱自己的民族、有社会责任感的人。他告诉小璐，人不能光为自己活着，要像孙中山先生等志士仁人一样，以天下为己任。

上幼儿园开始，老师就经常夸奖小璐，因为她在学校里乐

于助人是出了名的。她会主动关心那些生病的同学，经常主动打扫班级卫生，还领养了街上的流浪动物。

上小学后，她更是保持了这一好习惯，只要班上有请病假的同学，不管晚上放学多迟，天气多恶劣，小璐都要去同学家帮助他（她）将落下的功课补上。但有一次，小璐自己病了，却没有一个同学主动来看她，这使善良的小璐非常伤心。父亲最懂孩子的心思，他严肃地抓起小璐的手告诉她："咱们不应计较别人对你的回报，我们不是为了得到而付出，而是为了让这社会更美好。"

小璐的爸爸说，小璐和所有的孩子一样，原先只是一张白纸，她的好品质是一点一滴积累而成的。父亲只是起了启发熏陶的作用。

的确，孩子的善良是从小形成的，孩子这一张白纸，需要父母用心去描绘，那么，家长该怎样让孩子从小保持一颗善良的心呢？

1.父母之间相互爱护

有人说，最好的家庭教育是父母相亲相爱，这样，能让孩子感受到爱，而且，从小生活在这种环境中，会让孩子有一颗积极、温暖的心。父母之间的一言一行都影响孩子的态度，从父母恩爱、彼此尊重的家庭里走出来的孩子，更懂得去爱别人，他们对家人温和亲爱，对外人也谦让有礼。

2.父母要先表达对孩子的爱

可以有以下几种办法：

（1）无论多忙，一定要抽出时间跟孩子谈心，建立亲密的感情；

（2）随时关心您孩子的成长和身心发展的状况与需要；

（3）给予孩子种种帮助与作为，必须具有正面的意义；

（4）确实了解孩子以后，才给予正确的引导与协助。

3.父母从自身做起，要富有同情心和爱心

涓涓之水，汇成江海，爱的殿堂靠一沙一石来构建。自小给予孩子同情心和怜悯的情感，是在他身上培植善良之心、仁爱之情。孩子最初的同情心和怜悯心是成人同情心和怜悯之心的反映。所以，父母同情别人的困难、痛苦的言行会深深打动儿童心灵，感染和唤起孩子对别人的关心。这样才能把善良的根植入孩子的心中。

比如，在公共汽车上，如果遇到抱孩子的阿姨，我们可以对孩子说："你看，那个阿姨多辛苦啊，我们让她坐到这里来吧。"邻居生病，家长带着孩子去探望问候。再如，看到小朋友摔倒了，家长启发孩子："想想你摔倒时，是不是很疼？小朋友一定很难受，快去扶起他，帮他擦擦脸。"……

父母对周围人应表现出真挚的同情，并帮助身边正遭受痛苦和不幸的人。父母还应以自己的善良感染和陶冶孩子，要热忱支持孩子的献爱心活动，在孩子的心中撒播善良的种子。

总之，家长平时注意对孩子一点一滴的培养，一言一行的引导，在平时生活中关注孩子，培养孩子的善心，那仁慈博大的爱心，就会在孩子心头扎下根，并会随着孩子的成长而不断壮大，这样的孩子才能充满仁爱之心！

放开手，让孩子自己走

有人说，人生就是一场需要我们不断去面对的"漫长战役"，但只要有勇气，勇敢地向前冲，就能把这些挫折和阻力变成磨练自己的动力，因为阻力可以使飞机飞上天空，阻力可以使帆船行驶得更快。无论在学习上还是生活上，缺乏勇气的孩子在追求目标时，总是缺乏主动性和信心，所以可能因此而错过原本属于自己的成功和幸福，可以说，缺乏勇气是孩子成长和成功道路上的绊脚石。

毕竟，每个人成长环境不一，导致性格和品质也有不同，现在很多孩子在父母这把"保护伞"下，越来越娇气，最终将成为永远长不大的孩子。作为父母要明白，只有放手让自己的孩子独立行走，让孩子自己向前冲，他才会勇敢地追逐自己的理想和目的，成为一个敢想敢做的人。

教育心理学家认为，5~6岁是孩子品格塑造的关键期，但是我们发现，不少父母，在教育孩子时，往往认为此时需要让

孩子开始努力学习了，而忽视了孩子勇气的培养，这使得孩子普遍缺少勇敢精神。这些孩子凡事怕字当头：怕黑夜，怕生人，怕风，怕雨，怕闪电惊雷，怕动物，怕父母不陪在身边……但是父母们并不认为这有什么不妥，反而觉得这是孩子听话乖巧的表现，但是这样的认识未免显得片面，因为他们没有看到一个懦弱的孩子很难建立起自信，也很难做成属于自己的事情。

因此，在孩子5~6岁时，我们家长就要有意识地培养孩子的勇气了，具体来说，我们可以这样做：

1.树立榜样，积极鼓励

家长必须自己要勇敢、坚强，做孩子的榜样。同时，还要积极鼓励孩子大胆与人竞争，积极参与各种活动，在参与中锻炼和壮大胆量。勇敢心态的培养要从小开始，从点滴的小事做

起，对孩子多鼓励、多赞赏，帮助孩子排解心理障碍，克服自卑心理，才能造就勇敢自信的孩子，让他们生活在自信自立的天空下，快乐而幸福。

2.鼓励孩子与人交往

家长要鼓励和带领孩子多和别人交往，特别是和开朗活泼的同龄人交往，并带领孩子参加力所能及的社会公益活动。借助家庭、学校、孩子的伙伴、亲朋好友的作用，给孩子提供良好的社交平台。

3.鼓励孩子克服弱点

面对胆小的孩子，家长切忌与同龄孩子对比或者辱骂孩子，应该不失时机地与孩子沟通，给孩子以鼓励和赞扬，帮助并引导孩子努力克服自身的弱点，尽可能避免孩子因胆怯所造成的心理紧张，以缓解孩子的胆怯，促进孩子健康成长。

4.鼓励孩子勇于争取

梁凤仪是香港著名女作家，在她小的时候，她是个羞怯的孩子，甚至连话都不敢说。

有一次，爸爸带着她去逛街，就在准备回家时，她拽住爸爸的衣角："爸爸，再玩一回吧。"小凤仪并不是贪玩的孩子，她只是想要柜台里漂亮的洋娃娃。

爸爸看出了她的心思，却没有主动买给她。终于，小凤仪忍不住了，她用细若蚊蝇的声音说："爸爸，我……想买一样……东西。"

"买什么？别支支吾吾，想要什么就大声说出来！""我想买一个洋娃娃！"小凤仪鼓起勇气说。于是，她得到了一个洋娃娃。

小梁凤仪的父亲是睿智的人，他鼓励孩子去争取，让孩子敢大胆地表达自己的想法，让孩子有了争取的欲望，更让孩子尝到了因为争取而成功的喜悦。

父母不可能永远是孩子的保护伞，只有真正地让孩子勇敢起来，拥有积极的心态，做一个生活的强者，才能让孩子独自去面对原本就不是一帆风顺的生活，在挫折面前才不会奢望别人的帮助，才会化不利为有利，才不会在外人面前轻易流泪，也不会在困难面前手足无措、六神无主！

没有不爱孩子的父母，但要想把孩子培养成一个勇敢的人，就不能娇惯和过度保护孩子，不妨让孩子吃点苦，给足他勇气，然后放手让他自己走，这样，孩子也许能一鼓作气，攀上光辉的顶点！

第 07 章
及早灌输规矩意识：在生活中培养孩子的纪律性

作为父母，我们都知道，在家庭教育中，良好的行为习惯对孩子成长的重要性，而让孩子形成良好的习惯，最好的方法就是制订规则。"没有规矩，不成方圆。"在家庭教育中，尽早让孩子形成规矩意识，当然，制订规矩并不是我们教育的最终目的，规矩如果没有了执行，任何规矩的设定都是毫无意义的。因此，我们在为孩子制订了规矩后，就要告诉孩子规矩要毫无条件地执行，并且要落实到孩子生活和学习的方方面面。只有这样，规矩才会发挥它应有的效力，帮助我们的孩子提升自制力。

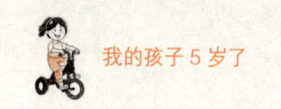

为孩子树立规矩要尽早

俗话说:"国有国法,家有家规""没有规矩,不成方圆"。在家庭教育中,父母也应该为孩子制订一定的行为规则,比如,按时吃饭、睡觉、做作业等。制订规则有助于帮助孩子形成良好的行为习惯。

然而,在家庭教育中,可能很多父母认为,为孩子定规矩要等到孩子懂事以后,最起码等到孩子上小学,其实不然,为孩子树立规矩越早越好。在中国,有这样一句俗话:"三岁看大,七岁看老。"这句话是有一定根据的。美国一项最新研究显示,人的性格在童年时期的早期就能形成,从5~6岁孩子身上可以预测出他成年后的一些行为。因此,教育专家认为,童年早期的烙印对一个人的一生都具有持久深远的意义,不论是对童年、青年还是成年都是如此。等一个孩子长大成人,再要他改变自己的性格的许多方面,那将是非常困难的。虽然在关爱他的人们的努力帮助下,他仍有可能改变自己的行为习惯、性格等的某些方面,但那需要时间,需要他本人和他周围的人很有耐心。

美国遗传学家摩尔根在给儿子的一封信中这样写道:"你应该有这样的志向:世界上没有任何东西可以引诱你去做一个

人所不应该做的事，坚决不要为了金钱而放弃你的人格与自尊，去为他人做种种不正当的工作！不管将来从事何种职业，你应该尊重你的人格，保持你的操守。"

因此，童年早期正是人一生中培养真正的人性品质、态度和行为的阶段。在此期间，人要培养积极的情感和态度，建立良好的人际关系，学会分辨好坏，培育良知，懂得善良与公正。

对此，儿童教育学家指出，3~6岁，是父母为孩子定规矩的最佳年龄，因为6岁前的孩子正处于各项意识发展期，如果缺少规矩的约束，孩子会完全按照自己的想法为所欲为，也分辨

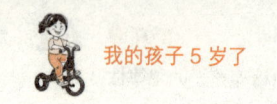

不清自己的言行是好还是坏。这样的孩子长大后将会变成一个不遵守规则的人，对于孩子的人际关系也将有非常大的影响。

的确，孩子在6岁前，各种意识还处于萌芽和发展阶段，此时是教育孩子遵守规则的最佳时期。

作为父母，想让孩子遵守规则，你要用行动，而不是冲着孩子吼叫或斥骂，也不是空洞的威胁。孩子犯了错，你生气、愤怒都无济于事，只有规则能让孩子对自己的行为负责，并逐渐培养孩子成熟的品质。而歇斯底里的叫喊只会让孩子从情感上远离你，甚至让亲子关系变得紧张，孩子自然不会服从你的教育。当然，在给孩子制订家庭规则时，以下几点是需要提醒父母们注意的：

1.规则要明确、细致化

给孩子制订规则，一定要简单易懂，让孩子容易遵守。例如，让孩子不乱过马路，就要让孩子知道红绿灯的作用；让孩子早睡早起，就要规定具体的时间。这样，孩子容易理解，也容易做到。另外，你最好还应该明确告诉他违反规则会受到什么样的惩罚。

2.告诉孩子制订规则的原因

语重心长地告诉孩子为什么要早点上床睡觉，为什么要孝敬爷爷奶奶，孩子会感受到你的尊重，会认为你的话是有道理的，这样，他就会接受。因此，在制订规则的时候，父母最好能和孩子一起沟通、交流、平等对话，鼓励孩子发表自己的意见，与孩子共同制订一些规则，这样可以使孩子有一种责任感、义务感，并自觉自愿地遵守。

3.任何规则都必须无条件执行

遵守规则就必须无条件执行，无论是时间、地点变化，都不能例外。比如：在外面不能说脏话，那么，回家也是如此。今天需要遵守这条规则，明天也是如此。

4.父母要以身作则地遵守规则

所有的规则不仅仅是立给孩子的，也是父母要严格遵守、以身作则的。

作为父母，我们要认识到，即使再爱孩子，也要逐步减少一点对孩子的溺爱，给他们立下严格一点的规矩，并跟着孩子一起认真地遵守，从小就培养孩子遵守规则、自制克己的好习惯。而且，有了爸爸妈妈的陪伴，孩子也会喜欢上遵守规矩的游戏，在游戏中健康地成长起来。

规矩制订了，更要严格执行

在家庭教育中，我们已经认识到为孩子制订规矩的重要性，然而，我们的孩子在日常生活中却未必遵守规则，甚至总在有意无意地漠视规则。比如，跨栏过街、闯红灯、践踏草坪、插队、乱扔垃圾、随地吐痰、迟到早退、上课玩手机、考

试作弊等。我们制订规则的目的并不是走形式,而是要让孩子真正养成好的行为习惯,作为父母,我们要想合理约束孩子,就不但要制订规矩,更要严格执行规矩。

下面,我们来看看这位妈妈是怎么教育孩子的:

儿子东东现在5岁了,开始上幼儿园中班,小时候很听话,但我感觉越来越难管了,因为他越来越有自己的想法了,不过,庆幸的是,儿子一直遵守家里的规矩,因为这一问题我从不妥协。

这天,我在阳台收衣服的时候,东东偷偷跑了出去,我发现后,赶紧追了出去。随后,我在小区小卖部看到了东东,东东看到我后说:"妈妈,要吃火腿肠。"

我当时很是生气,急忙问道:"你要吃火腿肠为什么不跟妈妈说呢?自己就来买了,你有钱吗?"

听我这么一说,东东就开始在身上翻钱了,翻了半天告诉我:"没有,妈妈有。"

我抱起他(怕他进去自己拿)说:"你出来没跟奶奶说一声,所以老板不卖给你火腿肠。"

东东委屈地说道:"老板给,妈妈有钱。"说着还想挣脱开我的手。

我依然没有松手,抱着他继续说道:"你自己跑出来,妈妈就不给买。现在回家跟奶奶说一声,妈妈再回来给你买。"

东东还是闹着不肯回家,在我的怀里一个劲的往下拱。商店老板看情形赶紧对我说："别折腾孩子了，孩子小，大了就知道了。"

我当时没有听商店老板的，依然固执地劝东东跟我走，磨了半天儿子终于很不情愿地跟我走了。一路上我告诉他："你自己跑出来碰到坏人就把你带走了，就见不到妈妈了，以后还自己出来吗？"

孩子应声回答道（不知道是不是心里话）："不了。"

就这样，我抱着东东回家了……

一进家门，东东便小跑着过去对奶奶说："奶奶，我走了，我出去，我去买火腿肠了。"

我自然也履行自己的诺言，连门也没进去就又带着孩子返回商店里买火腿肠了。

再次来到商店里，店老板不解地问我："大冷的天，你看你这不明摆着折腾孩子吗？"

我忙对那个店老板说："我不是折腾他，我是想让他长个记性，要不下回他还会犯……"

这里，这位妈妈的教育方法值得很多家长学习，对于已经定下的规矩，我们父母不可心软，也要告诉孩子，执行规矩没有条件，对此，我们要做到：

1.与孩子一起制订规矩，家庭成员之间互相监督

对于一个家庭的规矩，是给家庭每个成员定的，要遵守平等、尊重的原则，要让孩子觉得公平，而非针对他一个人。首

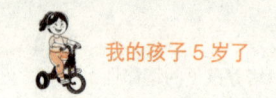

先要对孩子充满信心,对所有定下的规矩,不仅大人可以坚持做到,孩子也是一样。让孩子坐下来和我们一起来商量规矩应该在哪些方面制订,具体应该做到哪些。让孩子参与的过程,实际上是孩子形成正确思维的过程,只要形成正确思维,在规矩的实施时,只需要加深印象就行。另外,也让他对其他家庭成员进行监督,让他觉得公平,也让他有坚持不懈的信心。这样,一家人就可以互相监督,形成良好的生活习惯和规则意识,在不同的场合都应该有相应的行为。

2.告诉孩子执行规矩无一例外

立下的规矩,无论时间地点场合,都要遵守。否则只会让孩子糊涂,无所适从。所有的规矩都不仅仅是立给孩子的,而是父母也要严格遵守,以身作则。比如,要让孩子规律进食,父母自己就要在饭桌上举止规范,不挑食,不浪费。要让孩子懂礼貌,父母自己就要对所有的人,包括自己的孩子以及其他所有的孩子,使用文明用语。

3.偶尔"放宽政策"

比如,以零食代替正餐、中午看一场电视、晚睡一个小时,等等会减轻压力,让孩子更加自觉地遵守规矩。相信孩子,不要以为偶尔的一次"放纵"就会养成什么坏习惯(从数学角度来看,一次不足以称为习惯,习惯是多次积累的后果)。有些事情,可以放手让孩子亲自体会一下"放纵"的后果。

冬天快到了,但是妞妞还非要吃冰激凌,妞妞妈并没有反对，她只是告诉妞妞冷饮吃多了会不舒服，她不理解。妞妞妈妈就依着她周末两天每天吃两次，一个星期过后，她开始咳嗽、流鼻涕，还吐了两次清水，她说"难受、不舒服"。妞妞妈告诉她这就是冷饮吃多了的后果。从那以后，妞妞再也没有要求过一天两次冷饮，而是主动约束自己，只吃一次。

的确，有些事情，规劝不管用，就换一种办法，不一定正面要求。比如宝宝爱吃肉，不爱吃青菜。父母劝他吃青菜，告诉他吃菜的好处，他就是咽不下去。那么，可以经常做一些带青菜馅儿的食品，比如包子、饺子等，以此种方式让宝宝进食青菜。

4.多从孩子角度出发立规矩

给孩子立规矩是为了让他们的生活更加和谐有序，而不是为了约束他们。所以家长在给孩子立规矩时应多从孩子角度出发，了解他们的本意。有时他们的错误行为并非带有恶意，如果家长劈头盖脸的就批评，只会刺激他们的情绪让他们不愿接受规矩。此时家长应表明对他们的理解，同时告诉他们做错了事就应该接受惩罚，以后不要再犯类似的错误。

规矩一旦立好了，就要认真执行，不能光摆着好看，它真正的作用是要督促孩子行动起来。这一点，在立规矩之前也要好好考虑，因为孩子对规矩的执行情况可能会呈一个曲线状态：最开始是高涨的，接着慢慢下降，然后在我们的几次督促下可能有一两个小的高潮，接着便又会趋于下降，甚至一路走

低直至再也不动。这种情况要提前知晓。

立规矩，让孩子遵守课堂纪律

俗话说："没有规矩，不成方圆。"任何自由都是建立在一定的约束之上的，可以说，对于要参加学校学习的孩子来说，如果不遵守课堂纪律，课堂就是一盘散沙。然而，不少父母有这样的苦恼：孩子在课堂上总是违反课堂纪律，不但自己不认真学习，还打扰了别人，这让家长和老师都十分烦恼。对此，我们要配合学校工作，为孩子制订规矩，只有这样，孩子才能认真学习。

的确，如果每个孩子在上课时都不遵守课堂纪律，那么，老师就没办法上课。具体来说，我们该怎么做呢？

1. 告诉孩子遵守课堂纪律是基本的礼仪，也是受到其他同学欢迎的前提

对此，作为父母，我们也要告诉孩子，学生在学校以及与他人相处过程中都要遵守一定的礼仪，礼仪应该从小注意与培养，这是一个人素质的体现，不遵守课堂纪律，会让其他同学厌恶。

媛媛虽然是个女孩，但却不像别的女孩那样讨人喜欢，她在班上是个不受小朋友欢迎的孩子，她简直就是班上的"捣乱大王"：老师让小朋友们排队离开教室时，她在地板上爬来滚去地疯；小朋友们聚精会神听老师讲故事时，她推推左边的同伴、拍拍右边的同伴，不停地捣乱；游戏的时候，媛媛又很霸道，她喜欢的玩具就要独占，不让其他小朋友碰……

有一次，小朋友们在玩开火车的游戏，一个小朋友当火车头，由"火车头"邀请其他小朋友上火车，小朋友们在老师的钢琴伴奏下，骑在小板凳上"咔嚓咔嚓"一起前进。开火车游戏是小朋友们都爱玩的游戏，但是每次玩的时候，不管谁当火车头，都不会邀请媛媛上车。看着其他小朋友兴高采烈地开着小火车，坐在一边的媛媛显得特别孤独……

小朋友们都不愿把媛媛当成自己的好朋友，不邀请媛媛上自己的小火车，显然，媛媛成了班级团体里不受欢迎的人

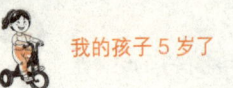

物。因为她捣乱、淘气、霸道，小朋友都躲开她，避免被她干扰或被别的小朋友认为是属于媛媛一类的人。其实，媛媛这样的孩子，在同伴群体里不受欢迎的地位一旦形成，几年时间内这种地位都难以改变。她属于性格外向、活动水平较高的一类孩子，也就是说，她比较喜欢动而很少对安静型的活动感兴趣。所以，在要求安静的活动中，她容易出现"捣乱"行为。而对于集体生活的一些规则，比如排队、保持安静等，媛媛接受起来有些困难，这就和她的家庭环境和父母的教育方式有关了。

其实，这样的状况对于成长中的孩子来说是危险的，每个孩子都希望有一种自我价值感和归属感，这是他们不断努力和奋进的动力，但周围同伴的隔离使得这些孩子变得离群索居。长此以往，会阻碍孩子交到真心的朋友，也会阻碍孩子良好的人际关系的形成。

现在的孩子，在家里基本过着"一个中心"的生活，这容易养成孩子以自我为中心的行为习惯，所以会给别人留下霸道的印象。

2.培养孩子尊重他人的意识和习惯

总之，我们要让孩子明白，友谊是一笔宝贵的财富，而要获得友谊就要懂得从他人角度考虑，就不能不遵守课堂纪律，这样，你的孩子会一生受益无穷！

实际上，由于家庭教育的缺失，尤其是父母的溺爱，很多孩子自私自利，不愿意与人分享，这对孩子成为一个合格的社会人是极为不利的。在现实生活中，自私、不愿意与人分享的孩子并不少见。这虽然不是什么大毛病，但如果是一个什么都不愿与他人分享，霸道的人，是很难与他人形成良好的人际关系的。所以，从小克服孩子的自私，培养孩子与他人分享的意识很重要。

3.与老师沟通，减少孩子的课堂焦虑情绪

焦虑是一种情绪状态，是一个人自尊心受到威胁时产生的情绪反应。适度的焦虑可以有效地激励孩子学习，而过度的焦虑则可能影响孩子学习并引发问题行为。很多情况下，孩子的课堂违纪行为就是他们焦虑的结果。

实际上，要想让学生很好地遵守课堂纪律，这在很大程度上取决于老师对学生的态度及师生关系。如果老师能真正关心、爱护学生，学生不仅会遵守课堂纪律，还会维护、支持老师的工作，帮助老师维持课堂纪律。

遵守课堂纪律，既是尊重老师的表现，也是珍惜学业与集体的行为。孩子在学校不遵守课堂纪律，我们要与学校和老师一起努力，帮助孩子纠正不良行为，并制订成规矩，让孩子爱上课堂，爱上学习！

尽早让孩子养成这几条规矩

对于5~6岁的儿童来说，他们年纪还小，教育过程中，与他们讲很多道理，他们并非全部都能听懂，犯错时你的道理再合适，他们也都不明白。只有让他知道，他那样做会受到惩罚，他才能记住，这就需要我们立规矩，以下是几条孩子从小就必须养成的规矩：

1. 尊重他人的所有权，不可随便拿他人东西

5~6岁的孩子，他们已经有了一定的自我意识，也能分得清自己和他人，但看到自己喜欢的东西，依然可能会去拿，觉得"拿到我手上就是我的了"。对此，家长们应该有意识地帮助孩子建立自我意识，可以拿着大人的衣服和孩子的衣服告诉他："这一件是你的，这一件是爸爸的，这个是妈妈的。"

帮助他建立自己与他人的界限，等孩子已经能清楚地分清自己和他人的区别的时候，爸爸妈妈也要刻意地多给孩子提问："这是你的吗？"让他独立地进行判断，并给他立下规矩。这种物权概念的区分，是最基本的道德和心态的基础，他长大后才更懂得尊重他人。

这样的规矩，可以帮助孩子更好的区分"你的""我的"，知道不是自己的东西就是别人的，别人的东西不能拿，而"我的"东西一定归我支配。

2.粗野、粗俗的行为和语言习惯不能有

生活中，我们发现，有一类孩子，他们总是出口成"脏"，语言粗鄙。良言一句三冬暖，恶语伤人六月寒，如果养成习惯，有时是无心的一句口头禅，却会对今后的学习和工作带来沉重的影响。

还有一类孩子，喜欢使用暴力手段，强制别人服从自己的意志；用语言对他人进行攻击、胁迫，来实现自己的愿望。但是，这样的做法是绝对不可取的！

如果孩子出现了粗俗的言行，爸爸妈妈应该怎么做呢？首先，要帮助孩子明辨是非，明确地告诉他："以后不能这样做了，这是粗野的行为，是要挨批评的！"然后家长引导孩子，让孩子自己反省，想出更好的办法来处理这样的事情。

这样的规矩能帮助孩子调整自己的情绪，学会如何对待自己想要的东西，如何处理自己的情绪等等。在这个过程中，孩子会不断地调整对事物的看法和自己的心态。等他长大后，他也会用这套模式去对待周围的人，变得更加理性、为他人着想。

3.不可以随意打扰别人

当孩子遇到好的事情，比如受到老师表扬了、交到一位新朋友等，总会很兴奋地想要告诉爸爸妈妈，无论爸爸妈妈在做什么事情他们总会毫不犹豫地打断。而且现在许多父母都是"孩子第一"，所以常常允许孩子在任何时候打断自己讲话，

而且还会高兴地回应孩子。这样的态度容易让孩子形成不顾一切打扰别人的习惯，长大以后可能会以自我为中心，很难在集体中生活。

如果发现孩子有这样的坏习惯，爸爸妈妈要在平时生活中有意识地帮他改正，告诉他："随便打扰别人是很不礼貌的，你想想，如果宝宝在睡觉，小朋友老是过来跟你说话，宝宝会高兴吗？"用心平气和的引导让孩子学会换位思考，让他知道被别人打扰是很不开心的事情，然后再给他立下规矩。

这样的规矩能让孩子学会尊重他人，让他懂得当别人在忙的时候不应该去打扰他，而且孩子在这个过程中学会了换位思考，也会变得更加善解人意，这样更容易交到好多好朋友呢！

4.做错事要道歉，并且有权利要求他人道歉

家长们疼爱孩子，总觉得"孩子还小"处处让着他，就算孩子犯错不道歉，爸爸妈妈也会一心软就原谅他了。这样的处理方法，会让孩子觉得"做错事也没什么大不了的，反正爸爸妈妈都会原谅我"，孩子没有了约束，难免会为所欲为，犯更多更严重的错误。

从小就教孩子，做了错事要道歉，这样才是懂礼貌的好孩子！在孩子犯错的时候，除了教育他之外，可以要求孩子对自己说一声对不起，如果是爸爸妈妈错怪孩子了，也要向他道歉，给孩子树立一个好榜样，跟孩子一起遵守规矩。

这样的规矩能让孩子学会礼貌待人，诚实地面对，并且有

勇气主动承认错误。在这个过程中，孩子也学会了反省自己，也开始懂得维护自己的权利了。

当然，在立规矩的时候，家长要以身作则，要求孩子做到的自己先做到，树立榜样。如果孩子做不到，该打就得打，惩罚完要告诉他哪里做错了，一定要让他自己重复一遍什么地方做错了，做错的原因，这样才能记住。

有规矩，就要有惩罚

前面，我们已经谈到了规矩对于孩子成长的重要性，但谈到了规矩，就要说到如何制订规矩，以及有了规矩后，相伴而来的惩罚。目前，更多的家长认可要给孩子鼓励，但鼓励不能取代惩罚，鼓励也不是万能的灵药，不能解决全部的问题。惩戒和鼓励任何时候都是教育的两个不可或缺的重要手段。

然而，在家庭教育中，可能很多父母认为，孩子是需要奖励而不是惩罚的，实则不然，因为有一些孩子很任性，教育他们，光靠说教根本不起作用。因此，对于他们的一些错误行为，必须要采取惩罚措施。有教育专家认为："没有惩罚的教育是不完整的教育，没有惩罚的教育是一种虚弱的、脆弱的、不负责任的教育。"

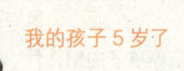

不过，有效的惩罚还有几个重要的条件：

1.明确规矩，让孩子了解什么能做，什么不能做

一定要让孩子知道父母明确的要求是什么，与孩子事先达成共识。如果孩子事先不清楚规则，家长突然惩罚，会让孩子非常委屈。

2.以身作则，不要随意打破规矩

规矩不只是针对孩子树立的，同时也适用于家长，家长首先应以身作则，给孩子树立一个正确的榜样。例如想要孩子懂礼貌，首先家长就应管好自己的嘴。同时立好的规矩不要随意打破，如果今天要求孩子这样，明天又要求孩子那样，或者说一套做一套，孩子也会糊涂，不知道自己应该怎样做，对规矩的遵守力也会降低。

3.不要以成年人的行为准则来规范约束孩子

我们要多从孩子的角度出发，感受孩子的内心世界。在他看来，向你身上泼水或许是非常好玩儿的事情，理解了孩子，你就不会恼火，然后你可以和缓地告诉他："我知道这样挺好玩儿的，但是我不喜欢你这样做，衣服湿了会让我不舒服，请你不要再向我身上泼水了。"

4.惩罚并不是打骂

打骂会对孩子的心理造成损伤吗？答案是：当然！我们不能把自己对孩子失败的烦恼发泄在孩子身上，更不能当着外人的面打骂或嘲笑挖苦孩子。家长应该时刻牢记，自己应该始终给孩子坚强的拥抱，如果以恶劣的态度对待孩子，一来会激发孩子的逆反心理，二来会打击孩子脆弱的心灵，更糟糕的是，孩子还会怀疑家长是否真的爱他。

5.惩罚一定要及时

孩子的长期记忆比较差。早上吃饭慢这件事到晚上，他很可能早就忘了，妈妈实际上也没必要再说。如果父母的话对孩子是个不切实际的"威胁"，这个威胁对孩子不起什么警告作用。立规矩的时候最好能把孩子不遵守规矩的后果明确告诉他。比如，孩子吃饭磨时间，妈妈一起床就要告诉他："30分钟吃完，否则端走。"吃饭中途，可以提醒他一次，告诉还有多长时间。还可以添加一些额外的条件，比如按时吃完，给点奖励。不按时吃完，取消某个优惠。

6.让孩子为自己的错误付出一点代价

孩子犯错总是在所难免,每当孩子闯下大大小小的祸,作为警醒或教训,家长都会对孩子采取一定的惩罚。但惩罚仅仅是打和骂那么简单吗?怎样的教训才会起到理想效果?惩罚有些什么方式?惩罚的"度"在哪里?惩罚过后,面对孩子的情绪,家长又该如何做好"善后"工作?

每个人犯错都是要付出代价的,如果没有因为相应的错误受到惩罚,那么错误还可能会延续下去。生活中,很多父母看到孩子犯了错误以后,马上帮他纠正。可能孩子意识到了自己的错误,但印象并不深刻,导致错误一再地出现。

老刘的女儿第二天要出去郊游。这晚上,老刘就对只顾看电视的女儿说:"女儿啊,先别看电视了,准备准备明天去郊游的东西吧,否则明天早晨又要手忙脚乱了。"女儿一边嗑瓜子,一边说:"爸爸你可真啰唆,我这么大了,会照顾好自己的,东西都准备好了。"老刘就没再说什么,可是发现女儿换洗的袜子没带,帽子也没装进包里。老刘的妻子正要帮女儿收拾,老刘却制止住了她。

女儿郊游回来后,老刘问:"玩得怎么样啊?"女儿说:"很好啊。就是没换洗的袜子穿,天气太热了,帽子也忘带了,我都晒黑了,下次可不能再这么丢三落四的了。"

老刘是位很聪明的父亲。他阻止了妻子的行为,就是要让女儿为自己犯的错误付出一点儿代价。如果妻子帮助她准备好了，女儿依旧是一副没记性的样子，并且她还会产生依赖心理："我没准备好没关系，还有我老妈帮我弄呢。"所以，要想让孩子对自己的错误记忆深刻。不犯类似的错误，不妨让他吃点苦头。

总之，我们惩罚孩子，一定要遵守一个重要的原则：只针对孩子的错误行为，不扩大化。如果把陈芝麻烂谷子都翻出来反复惩罚，抓住不放，那就不是惩罚，而是打击报复了。让孩子明白因为什么而受到惩罚也很重要。孩子总会犯错误，而且孩子越小，他越难以分清大人对他的情感与他的错误行为以及惩罚之间的关系。他会认为是大人不喜欢他了，而心生恐惧。所以要让孩子明白，是因为他的错误行为而惩罚，不是因为不喜欢他了，如果他改正了错误，大人会更喜欢他，这样的惩罚效果会更好。

第 08 章
帮助孩子改变不良行为：管教需要父母的细心和用心

儿童心理学家认为，我们的孩子的成长过程，就是不断克服自身缺点的过程，这也包括很多不良的行为习惯，如果不加以干预，将会影响到孩子未来的成长，同时也影响着他的人际交往、职业升迁、事业发展……那么，作为父母，该怎样防微杜渐，让孩子改正不良行为习惯呢？本章我们就来了解一下。

多观察孩子，及时发现孩子的问题

日常生活中，可能我们都有这样的体验：一个错误的数据，可以导致整个报告成为一堆废纸；一个标点的错误，可以使几个通宵的心血白费；一个烟头的失误，就可能导致一场巨大的火灾。这就是细节的力量。生活中，人们常说："勿以恶小而为之。"一个小的坏习惯可能会让我们最终走上错误的道路。同样，我们的孩子也是，现在看来无伤大雅的某个不良行为习惯就有可能影响孩子的一生，为此，我们说，教育孩子无小事。我们在发现孩子有某些不良的行为习惯时，一定要及时指出来，不能听之任之。比如，如果孩子说脏话，那么，你可以说："这是谁教你说的，你知道吗，这是脏话，一个说脏话的孩子是被人讨厌的。"

教育无大事，处处皆小事。一句话的表述、一件事的处理，正确和恰当的，可能影响孩子一生；错误和武断的，则可能贻误孩子一生。

作为父母，我们更应该时刻关注孩子的成长，告诫孩子"勿以恶小而为之"。因为任何大事都是无数小事的重复叠加而成，等到事态严重时，我们才如梦方醒，这时才想方设法去补救还有什么意义呢？

第08章

帮助孩子改变不良行为：管教需要父母的细心和用心

在美国，有一位学者，在一次调查研究中，他来到一座监狱，采访了其中的一名罪犯，他在坦言自己犯罪的过程中这样说："我是从撒谎开始走向犯罪的。"

"那你为什么要撒谎呢？"

"小时候，家里面兄弟姐妹好几个，有一次妈妈拿来苹果，叫我们分着吃。天哪，我到现在还记得，其中有个苹果真是又大又红，我们都想要那个大红苹果。我对妈妈说：'妈，大的红苹果给我吃。'妈妈瞪我一眼说："你不懂事，怎么想着要吃大的呢？"当时我观察发现，谁越说要他妈妈就越不给谁，而谁沉默或者说了反话，妈妈最有可能把又大又红的苹果给他，所以，我就对妈妈说：'妈妈，我就要最小的苹果。'妈妈说：'真是个好孩子，就把大苹果给你。'啊，我第一次发现，原来说假话可以得到好东西。所以，为了吃大苹果，我慢慢开始学会了撒谎。"

一次次小的撒谎行为就可能酿成整个人生的悲剧，这名罪犯之所以会走上人生的错误之路，就是从小小的谎言开始的。

成功始于习惯，失败也始于习惯；成功者有成功的习惯，失败者有失败的习惯！每个孩子在成长的过程中，都有自己的行为习惯，但有些行为，是我们家长必须帮助孩子克服的，具体来说，这些坏习惯有：

1.自制力不强

孩子的自制力的形成是一个循序渐进的过程，因为自制力的形成不是一蹴而就的,也不是孩子下了决心就能获得的,这是一个长期的过程。

拿学习来说,在教育孩子好好学习的过程中,他如果决定从明天起好好学习,要每天学习10个小时以上,那么,他很可能因为没有达到目标而气馁,而如果你先给他定一个较为合理的目标,比如,他可以在第一周时每天学习1个小时,少玩15分钟;倘若做到这一点的话,第二周每天学习1个半小时,少玩20分钟;再做到这一点的话,就可以每天学习2个小时,少玩30分钟。慢慢地,他便会发现,自觉地学习已经成为了一种习惯,而自制力也自然而然地形成了。任何坏习惯的改变或好习惯的形成都可以采取这个方法。

2.准备不足

很多孩子学习能力很好,但为什么一到考试就失利,因为他对自己太有自信了,他认为自己不用复习就能取得好成绩,实则不然,考试前的准备不充分是很多孩子失利的重要原因。因此,你必须告诉孩子,无论对自己的评估如何,都不要掉以轻心了。

3.不能坚持到底

可能你的孩子也想努力做一件事,比如钻研某件乐器,搞好学习等,但往往使他最终不能成功的原因是他的中途退缩。因此,你必须让你的孩子尽早改掉这一坏习惯,否则,它会影响到孩子的一生。

第 08 章
帮助孩子改变不良行为：管教需要父母的细心和用心

古人云："勿以善小而不为，勿以恶小而为之。"生活中，一些孩子的一些小的坏习惯看起来无关紧要，但作为家长的我们，如果不及时提醒孩子，并帮助孩子纠正，那么，很可能会影响到孩子健康的成长。教育无小事，我们对孩子的任何一次行为的态度，都被孩子记在心里。让孩子拥有成功的人生，就要让其从改掉坏习惯开始！

孩子出口成"脏"，如何纠正

也许，在孩子还小的时候，无论是老师还是父母都嘱咐孩子要文明礼貌，不能讲脏话，但是随着孩子年纪的增长，他们逐渐忽视了孩子的这一教育，转而把眼光都放在了孩子的学习上，而事实上，孩子是需要全面发展的，这也是素质教育的宗旨。要知道，一个满嘴脏话的人，无论是生活、工作还是学习，都无法获得他人的尊重和友好协作，也不易获得友谊和自信，因此往往缺乏幸福感。要想使孩子成长为有所作为的人，父母就应教孩子从小懂礼貌、讲文明。

教育心理学家认为，5~6岁是孩子良好行为习惯养成的重要时期。如果你的孩子总是说脏话，那么，你要引起重视，并且加以引导，具体来说，我们可以从以下几个方面努力：

1.分析脏话的内容,告诉孩子,说脏话是不对的

父母在听到自己的孩子说脏话时,不要显得惊慌失措,也不要气急败坏地责骂,更不能置之不理。要冷静,蹲下来,严肃而不凶悍,以和缓的语气和孩子说话。例如:

"孩子,你刚才说的那句话,用的词汇很不好,你知道我说的是哪个词汇吗?"

"这是大人说的,你是孩子,不能说这个词语,知道吗?"

"为什么不能说呢?因为你是孩子,你说了,别人会说你不懂说话,说你学习不好,看不起你!"

"你愿意让别人看不起吗?"

"那么,你应该怎么说?说给妈妈听。"

"对啦!这样说才是好孩子。"

家长最难做到的就是"不生气"。你生气,孩子就听不进你说的话了。而另外一些家长则喜欢和孩子说大道理,让孩子不耐烦,反而失去教育的功效。

2.以身作则,杜绝孩子学习脏话的来源

生活中大多数情况是这样的,大人有时也会语出不雅,但都习以为常,不会觉得有什么异常。而脏话从孩子嘴里说出来,就特别刺耳,要是他们在大庭广众冒出些脏话,父母更是想找个地洞钻下去,其实,家长也应该拒绝脏话,这样,在家里建立互相监督的制度,如果父母不小心在孩子面前说了不文明的词句时,一定要向孩子承认错误,以加深他不能说脏话的印象。

3.教会孩子一些初步的礼仪知识

家长应该从小教导孩子学习一些礼仪知识,这也是文明行为,包括见面或分手时打招呼、握手,与人交谈时眼神、体态和表情要体现出对对方的尊重,久而久之,孩子就会认识到说脏话是一种不礼貌的行为,就会努力改正。

4.孩子说脏话,千万别强化

孩子说脏话,多半是模仿、好玩,是为了显示他的某种本事。碰到这种情况,您千万别笑,更不要流露出惊奇的神色,有时严厉的训斥也是无济于事的,因为这些反而会强化他的行为。其实孩子并不一定知道脏话的含义,主要是为了得到父母对他的反应或注意。孩子从小伙伴那儿学了几句骂人的话,在

家和学校中一边说，一边开心地大笑，这时，我们心里挺恼火，但也要强忍着不显示出任何兴趣。我想只有这样，他才会觉得索然无味。久而久之，那些不好听的字眼或脏话就会逐渐被忘掉而消失。当然，也可以寻找比较恰当的时机，告诉孩子，说脏话很难听，只有坏人和不学好的人才讲脏话。在日常生活中，孩子有时能用自己的语言来赞赏或描述他喜欢的人和事，这时，我们一定及时鼓励表扬，让他感觉到美的语言是令人愉快的。

5.训练孩子使用幽默的词汇来代替脏话

"×××，你说话像放屁，昨天说今天还我钱，怎么不还？"

告诉孩子可以这么说："你昨天说今天还我钱——昨天是四月一号吗？"

如果对方知道四月一号是愚人节，立刻就明白孩子的意思了。

当然，孩子还小，幽默需要较高的语言水平，但也不妨试一试，让孩子有个努力的目标，就不会再去说脏话了。

6.用积极的情绪感化孩子

许多父母常常会在工作繁忙时忽略了孩子，没有和孩子定时互动，这样，孩子以为父母亲不爱他，便会故意说脏话来引起注意，所以，要防止孩子养成说脏话的习惯，最有效的办法就是：每天至少给孩子半小时。这半小时，说说笑话、玩玩小游戏、一同读故事书，或者聊聊天。总之，做什么都好，让孩子感受到亲子相处的愉快，就不会染上说脏话的坏习惯了。

总之，满嘴脏话是一种不良的行为习惯，是有失礼仪的表现，孩子不懂得尊重他人，在人际交往之中就会产生许多摩擦，也会失去许多朋友和机会，父母在关心孩子成绩的同时，决不可忽视这一点。

诚信为本，及时纠正孩子不诚实的行为

在中国伦理的范畴中，诚，本义为诚实不欺，真实无妄，它包含着对己，对人都要忠诚的双重内涵。诚信作为中华民族几千年积淀下来的传统美德，历来为人们所崇尚。然而，我们听到一些家长抱怨：孩子才五六岁就学会撒谎了，这如何是好？的确，我们都希望孩子成为一个诚实守信的人，这是孩子立世之根本，而通常我们认为，影响孩子诚信品质发展的因素主要有家庭、学校和社会三个方面。其中影响最大，持续时间最长的当属家庭教育。可见，如何改变孩子撒谎的习惯，使之成为一个诚实的人，是值得我们家长们共同去探讨的问题。

小宁一直是个乖巧的孩子，可是，升入小学一年级后的他居然挨了爸爸的一次打，这是怎么一回事呢？

那天下午，他的父母在观看画展时，巧遇小宁的班主任江

老师,和他谈起小宁的学习,自然涉及刚刚考过的期中考试。江老师说:"小宁这次成绩不太理想,只考了第九名。"他爸爸说:"听小宁说,好像是第三名,从成绩上推算也应是第三名。"江老师肯定地说是第九名。

看完画展回家,他们问小宁这是怎么回事,小宁觉得纸包不住火,便把实情告诉了他父母。

原来,上小学后的小宁还没适应学习生活,没办法好好学习,于是,期中考试仅名列班内第九。可能是由于虚荣心太强,或者怕爸爸、妈妈责怪,于是涂改了成绩。小宁的爸爸由于当时心情激动,狠狠打了小宁,对他说:"不管考第几名,爸爸、妈妈都不会责怪你,关键是你不诚实,用假成绩哄骗家长,实际上也是自欺欺人,这样的孩子将来怎么能有所成就?"

可能涂改成绩对于一个孩子来说,并不算什么大事,但对于成长期的孩子来说,却关乎他们人格塑造得是否完善。

教育心理学家认为,一个人好的行为习惯和品质是从儿童时期养成的,尤其是5~6岁这一时期。如果孩子爱撒谎而没有被及时引导,很可能让孩子撒谎成性,甚至未来误入歧途,为此,我们父母一定要引起重视。那么,作为父母,我们该怎样教育这一阶段的孩子诚实守信呢?

1.父母要以身作则,不要撒谎

有这样一个笑话:一位爸爸教育孩子:"孩子,千万别撒谎，撒谎最可耻。""好的，爸爸。我一定听您的。""哎哟，有人敲门，快说爸爸不在家。"试想，这样教育孩子，孩子能诚实吗？

美国著名心理学家大卫·艾尔金德认为：要想培养出有教养、守道德的孩子，父母首先自身必须是一个品德高尚的人。作为父母，不要认为，我们说一套做一套不会被孩子发现，孩子的眼睛是雪亮的，他们往往会以实际为取舍。因此，我们家长应时刻检点自己的言行，从日常生活中点点滴滴的小事做起，不要撒谎，只要这样，对孩子的诚信教育才会有实效。

2.父母要及时地肯定和鼓励孩子诚信的表现

孩子虽然在成长，但毕竟还小，思想和品德都未定型，我们应该抓紧实施诚信教育，时时事事处处都不放过，有理有利，让他们从小获得一张人生的通行证——诚信。

人人都渴望被肯定，孩子也是这样。为了满足这种需要，他们在与他人交往的时候，一般都会勇于自我表现，善于自我表现，成人们在这方面应该创造条件，给予他们积极的诱导。当孩子有了诚信表现之后，父母要及时给予肯定，强化诚信的行为效果，不断加深诚信在孩子头脑的印象。日久天长，诚信习惯自然而然就会形成。

3.掌握批评的艺术，及时纠正孩子不诚实的行为

孩子说谎，家长往往非常生气："小小年纪，怎么学会了说谎？长大成人后岂不成了骗子！"家长为孩子的不诚实担

心是有道理的，但在批评孩子的时候，是要讲究方法的，这才会行之有效。首先不要损伤孩子的自尊心。家长首先要弄清楚孩子不讲诚信的深层次原因，千万不可盲目地批评。在此基础上，还要及时对他进行单独的批评以抑制不诚信行为的继续发生。其次，要让孩子心服口服。不要用粗暴的方式来对待孩子，这无异于把他们推向不诚信的深渊，下次就会编出更大的谎言来骗你。

4.和孩子建立真诚和相互信任的关系

你要求孩子说话算数，你对孩子首先要说话算数。如果确实无法实现对孩子的承诺，一定要向孩子解释原因。这样在孩子心里才能对诚信的重要性有一个深刻的印象和理解，也才会信任家长，有什么事、有什么想法都愿意告诉家长。

面对孩子的不良行为，要冷静处理

作为父母，我们都望子成龙望女成凤，都希望培养出品格和性格好的孩子，为此，在家庭教育中，一些父母发现孩子的行为稍稍有点偏离正轨，就怒火中烧，甚至气急败坏，认为孩子学坏了，必须严加管教。其实，孩子任何不良的品质都和家庭有着千丝万缕的联系，作为父母，如果你发现孩子有不良行为习惯，那么，我们有必要冷静下来，反思一下自己的教育方式是否出了问题。

曾经在某所贵族学校,有个女孩被学校老师称为"暴力女孩"。她喜欢召集学校的一帮女生欺负自己"看不惯"的女生甚至很多老师,后来她被学校开除,她坦承自己这种坏品行和自己的父亲有关。

原来女孩的父亲是一个暴力主义者,母亲在家里一点地位也没有。在她6岁那年,她原本是去邻居小朋友家玩,但出门不久,发现忘记带东西了。当她准备进家门时,却在门缝里看见父亲将母亲压在地上使劲打。女孩气急败坏,冲上去就揍了父亲一拳,但打了父亲以后,那晚上她在床上翻来覆去,无法入睡。一整晚,脑海里不断重复上演所看到的那些画面。女孩从此性情大变,一步步堕落。

为什么会这样?因为她爸爸给女儿上了一场"暴力课"。这里,我们可以发现,孩子的行为习惯与家庭教育有着很大的关系,然而,培养孩子好的行为习惯,要从小开始,改正不好的行为习惯,也要越早越好。

教育心理学家认为,5~6岁是孩子行为习惯的养成期,这一期间我们父母的教养方式对孩子的成长有着至关重要的影响,这其中就包括如何处理孩子的不良行为。

有人说过,只有不成功的父母,没有不成功的孩子,家长无论想把孩子培养成牡丹还是富贵竹,都要根据孩子本身所具有的特性,因势利导。同样,孩子行为出现偏差,也不能不问

青红皂白暴力处理,而是无论遇到什么问题都要冷静下来,具体来说,我们应该做到:

1.制订规则

家长一定要让孩子明白什么行为是父母可以容忍,什么行为是不能容忍的。要有的放矢,坚定自己的信念和原则,然后让孩子了解父母的想法以及目标。

2.一次解决一种不良行为习惯

一次不良行为也许你认为无伤大雅,但假如孩子一直重复出现某种不良行为,那么您就要集中注意力了。的确,也许您的孩子有一大堆的行为问题需要解决,但是要改善孩子行为最有效的方式就是一次只解决孩子的一种不良行为,这样您将更有可能去永久制止孩子的不良行为再度出现。一个个解决以后,你的孩子就能形成一种习惯,一个行为优雅的孩子才更显教养。

3.冷静地与你的孩子沟通

如果孩子犯了错或者是表现出某种不良行为的话,您就应该考虑严格要求孩子了。每次在您和孩子说话前请做一个深呼吸,尽量让自己保持冷静。如果您需要暂停一下,过一会儿再说,那么不妨一试。然后请看着孩子的眼睛说出您的要求,要确保您已经引起了孩子的注意。请记住,您的目的是要在对孩子的疼爱中规范孩子的行为,而不是在愤怒中斥责孩子。

4.建议孩子进行积极的选择

具体来说,您希望孩子形成哪些新的行为呢?请给孩子提供一两个可以进行正面选择的机会。如"请你温和有礼地和我说话。""你该怎么做才能保证不会再以这样的语气和邻居阿姨说话呢？"

5. 言明后果

如果孩子继续违反规则或者他依然没有改正自己的不良行为，那么您需要向孩子解释他这样做的后果。例如"如果你不能温和有礼地跟我说话，你就不能用电话。""如果你再对你姐姐大喊大叫，你就要去坐禁闭。"请记住，您的解释务必做到具体、简短而又严格。如果孩子再次出现不良行为，您也可以考虑征询一下孩子的意见，看看怎样的处理结果才算公平。一般来说，与父母选择的处理方式相比，孩子们的选择往往会比较公平，而且更符合他们的"罪行"。

6. 坚持完成协议

当场纠正孩子的错误行为，落实和孩子之间达成的协议。即使他的不良行为依然没有改正的迹象，也要把您和他之间达成的协议坚持完成。您必须保持协议的一致连贯性，而且要做到言出必行，这样孩子就会明白您是认真的。一旦孩子出现不恰当的行为，您就应该马上加以纠正。

任何人都希望自己的孩子聪明伶俐，落落大方，待人彬彬有礼，这都需要我们父母悉心地呵护和培育孩子，但在培育孩子良好行为习惯的同时，我们也要及时发现孩子的不良行为习惯，绝不能任其发展，影响孩子的一生！

根治懒散，培养孩子勤奋的好习惯

作为父母，我们都知道，任何时候，我们做任何事，勤奋是唯一可以获得成功的方法，爱迪生也曾说过："成功中天分所占的比例不过只有1%，剩下的99%都是勤奋和汗水。"对于任何一个孩子来说，在未来社会，他们只有努力向上、埋头苦干，不屈服于任何困难，坚持不懈，才能造就优秀的人格。而勤奋的这种品格必须从小培养，从日常的生活和学习中培养。

勤奋的反义词是懒惰，我们不得不承认的是，越来越多的儿童身上有懒惰这一恶习，"懒"是很多家长对孩子的评价。当然，孩子懒散的原因是多方面的，但主要是因为现代社会家长对孩子的娇宠，在衣来伸手、饭来张口的家庭生活中，孩子缺乏劳动习惯而变得懒散，久而久之，导致动手能力差，做事缺乏毅力和耐力。而孩子作为社会的接班人，必须发挥先辈们艰苦奋斗的作风，不能让懒散成为成长的绊脚石，这就告诉家长，要改正孩子做事不肯钻研，怕苦、怕烦的坏习惯。

的确，教育就是培养习惯，好的习惯成就好的性格，良好的行为习惯要从小培养。5~6岁是孩子行为习惯的养成期，您若不想自己的孩子成为小懒虫，就要在这一时期有意识地让孩子勤奋起来。

生活中懒散的孩子可不少，懒惰是孩子学习乃至生活中的天敌。懒散会导致孩子抗压力能力差的性格缺陷，给以后的学习和生活带来很多困难。懒惰的孩子喜欢成天闲荡,听课精神不振,不做作业也不温习功课。那么作为父母,怎样帮孩子改变懒散行为呢?

1. 培养孩子的自理能力

自理自立能力对孩子自我意识和独立人格形成有重要影响。不少孩子对家长都有很大的依赖性。如何让孩子克服这种依赖性呢?

(1)家长要根据不同的年龄阶段,不断地教会孩子生活的本领。要正确对待孩子学习中表现出来的"笨拙",对孩子的失败要有足够的耐心和宽容。

(2)凡是孩子力所能及的都尽可能让孩子自己去做,孩子应该自己管好自己的东西。家长要教给孩子一些应付意外的办法,如迷路时应向何人求援等。

(3)孩子面临不知如何处理的事情时,不要立即帮助他,

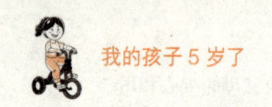

应从旁观察出现困难的地方，然后鼓励他，提示他，从旁协助他自己解决，从而树立他的自信心。

2.培养孩子勤奋作风

学习懒惰是一种不良的行为习惯，也反映了一个人对生活对学习的一种态度和观念。所以，要帮助这些孩子认识到勤奋是人不可缺少的美德。勤奋可以改进自己的学业，勤奋可以使人事业成功、生活幸福。勤奋的人比懒惰的人有更多的人生乐趣。

3.激发孩子学习兴趣

兴趣是勤奋的动力，一个人对某项事物产生了兴趣，便会积极主动地投入，消除怠惰。有位同学原来对课本学习不感兴趣，上课随便讲话，做小动作。班主任老师在一次家访中，发现了他爱饲养小动物。于是老师有意让他参加生物兴趣小组，并委托他饲养生物实验室的金鱼。由于他的兴趣得到合理引导，使得他不仅在课外活动中主动积极，而且生物课学习也表现得十分认真。

4.让孩子独立解决问题

依赖性是懒惰的附庸，而要克服依赖性，就得在多种场合提倡自己的事情自己做。家长不要做孩子的贴身丫鬟，面对懒散、抗压力差的孩子最好方法是不要为他们做得太多，安排好所有的事情其实是害了他，让他自己面对生活必须面对的事情。比如，独立地解一道数学题，独立准备一段演讲词，独立地与别人打交道等。

5.不回避挫折

生活是最好的老师，逆境中学到的东西往往比顺境时多，您帮孩子回避挫折，就让孩子失去了学习的机会，他将来要花更大的代价去补习。

6.鼓励孩子去做，逐步克服懒散的行为习惯

鼓励孩子学会处理自己的事情，当遇到挫折时，告诉他："无论发生什么事，我都会在你身边。"比如：

（1）多用三个字的"好话"：好可爱！好极了！好主意！好多了！真好呀！做得好！非常好！恭喜你！了不起！很不错！太棒了！

（2）多用四字的"好话"：太奇妙了！真是杰作！那就对了！多美妙啊！我好爱你！继续保持！你很能干！做得漂亮！

（3）多用五字的"好话"：做得好极了！继续试试看！真令人惊讶！真令人感激！真的谢谢你！你办得到的！你帮得很对！你真的可爱！你走对路了！

7.让孩子加强体育锻炼

有些孩子懒惰因身体虚弱或疾病，致使身体容易疲乏，学习难以持久。应鼓励他们多多参加体育活动，改善营养或积极治疗，以增强体质，让孩子保持情绪上和体力上的活力，克服懒散习惯，增强生命的活力。

一位母亲说："我可以用很懒散来形容儿子。他睡瘾很

大，白天也爱睡，书看不到半小时，他就开始打瞌睡。想让他帮忙做点事，我还没开口，他先喊累，没有小孩子应当有的朝气。我认为他之所以懒散，是因为缺乏活力。于是，我先帮他采取'分段学习法'，学习半小时休息十分钟，背英语课文也一样，背两段休息一会儿。复习迎考时，我与他用问答方式整理资料，避免他一个人学习时打瞌睡。做完作业，我会赶他下楼和他踢足球、打羽毛球，使他保持活力。坚持的结果是：儿子在中考中取得了意想不到的好成绩，考上了重点高中。他尝到了甜头，情绪很高，对未来也信心十足。"

总的来说，家庭作为具有血缘关系的社会群体，以其先入为主的重要性、多维性、家庭群体中交往接触的密切性，成为孩子接受教育的第一所学校，成为他们接触其他现实影响的过滤器，良好的家庭与家庭教育将为个人成才提供有利的基础。我们家长要明白，懒惰的原因是多种多样的，家长要根据不同的起因灵活采用不同的纠正方法。另外，"冰冻三尺，非一日之寒"，所以，孩子懒惰行为不是一朝一夕就能改变的，家长要鼓励孩子持之以恒，这样才能改正懒惰的行为，为孩子适应未来激烈的社会竞争做准备！

第 09 章

再见,幼儿园:提前准备,帮助孩子做好幼小衔接

　　幼小衔接是指幼儿园与小学两个教育阶段平稳过渡的教育过程,也是幼儿在其发展过程中所面临的一个重大的转折期,如果处理得不好,会对幼儿日后的发展带来不利的影响。所以,幼小衔接的重要性不可忽视。那么,作为父母,我们如何帮助孩子愉快地进入小学,自信独立地面对小学生活呢?接下来,我们在本章中会给你答案。

幼小衔接，孩子入学前我们该做些什么准备

当孩子 5~6 岁后，就要从幼儿园进入小学学习，当孩子进入一个陌生的环境，可能会有些拘谨，这是因为他们对周围的世界缺乏安全感，甚至无法适应。此时，作为家长不但要引导孩子调整好自己，更要在暑假时就帮助孩子做好入学前的准备，减轻孩子的焦虑感。

那么，具体来说，我们该帮助孩子做哪些方面的准备呢？

1.心理准备和生活习惯准备

（1）培养独立意识。我们要告诉孩子，他在离开幼儿园的那一刻，就要成为一名光荣的小学生了，此时，要有自己的独立意识，并且，我们要在日常的生活中，锻炼孩子的自理能力，告诉孩子他长大了，冷了要自己加衣服、热了脱衣服、渴了自己取水喝等，并鼓励孩子参与简单的家务劳动，如叠被、端饭、擦桌子、扫地等，让孩子感觉自己是一个独立"小大人"了。

（2）教育孩子要合群。孩子到了小学后，他们的玩伴和同学都和幼儿园时有所不同，难免会发生一些不愉快的事，如碰撞伤了，孩子之间你打打我，我招招你，拿了自己喜欢的物品等等，对此，我们要先给孩子打"预防针"，告诉孩子不要斤

斤计较。

（3）关注生活问题，培养良好的自理能力。孩子上小学后，书本多了，学习用具也会多了，我们要教会孩子学习整理，不然总是会出现今天忘记带这个，明天忘记带那个的情况，每天总有家长急吼吼地把东西送到学校保安室。我们可不能小看这个问题，从生活迁移到学习同样会丢三落四，比如做题漏做等。我们可以从整理玩具、整理学习用品入手，培养孩子的整理能力，做一个有条理的人。

（4）热爱劳动，养成良好的卫生习惯。我们强烈建议家长不要过多地保护或包办代替，这会影响孩子独立性、主动性、责任意识的形成。比如在个人方面，我们需要让孩子学会出汗了要脱衣服，冷了需要添衣服；在集体生活中，一年级就要开始值日工作，每位同学都是班级小小志愿者，扫地、拖地、排列桌子、给植物浇水、整理图书等工作都会有所涉及，我们就可以提前引导孩子掌握这些基本的生活技能。

（5）树立时间观念，做时间的小主人。不论是孩子画画、玩玩具，或者还是写作业，这些活动在开始之前，我们都要和孩子商量好，约定一个时长，设定好定时器并告诉孩子，当定时器时间到了后，孩子要马上停止手上的事，因为时间已经到了。如果孩子已经学会了怎么看钟表，我们可以用闹钟取代定时器，指针和刻度变化还能从视觉上刺激孩子。

特别需要注意的是，在约定好的时间段内，我们切记不可唠叨，让孩子自己成为时间的管理者，这样的方式可以减少拖沓，还能让孩子学会遵守约定。

孩子进入小学学习，是人生的第一次转折，现在的孩子们智力上存在的差异极小，相比较提前学习一年级的知识，家长更值得去做的是：开展亲子阅读，培养孩子养成良好的阅读习惯；培养社交和抗挫等能力，帮助孩子顺利融入新集体，成为一个受欢迎的人；培养专注力，养成倾听的习惯；加强亲子沟通，营造和谐的家庭氛围。比如我们可以在阅读和交谈中帮助孩子丰富词汇积累，教会他们多观察，养成连续表达的习惯。丰富的阅读量和良好的表达能力能够更好地帮助孩子树立自信，为未来的学习提供持久的动力。

良好的习惯也要有一个养成过程，需要家长、孩子及学校共同配合，习惯在平时的一点一滴（吃饭、睡觉、刷牙、穿衣服、读书、写作业等等）就应注意培养。

2.上学物品准备

我们为孩子准备新学期一年级的物品，要以简单实用为原则，不要刻意追求时尚和名牌等，避免孩子分散注意力。这些物品通常有：

（1）书包：小学一年级孩子的书包最好是双肩书包，且面料要轻薄，不要给孩子身体带来负担，不建议买翻盖的书包，翻盖书包在整理书本上并不方便，且书包沉重。

（2）铅笔盒：功能越简单越好，铅笔盒过于花哨，也会分散孩子的注意力，现在一般用笔袋比较多。

（3）橡皮：橡皮不用选择美观和花哨的，质地柔软即可。

（4）铅笔：推荐HB的木质铅笔，其中笔杆菱形的为最佳，能帮助孩子掌握正确的握笔姿势，并学会自己用卷笔刀削铅笔。小学一年级暂时不必要用自动铅笔，因为这种铅笔容易折断，并不适用于刚上一年级的孩子。

（5）尺子：带有波浪的直尺。

（6）准备一个水壶或水杯，要实用，易打开，尽量不要选择玻璃材质的。

3.作息时间调整

小学时的作息和幼儿园不一样，幼儿园学习主要以游戏为主，并且有午休时间，而上小学后，孩子基本要以学习为主，且没午睡时间。在幼儿园毕业的暑假里，我们就要帮助孩子调整作息时间，做到早睡早起，尽量在晚上9点以前上床睡觉，保

证孩子有10个小时的睡眠时间,慢慢适应不午睡的习惯。

在幼儿园时,孩子尤其喜欢看电视和动画片,所以暑假时候我们就要严格控制孩子看电视的时间,尽量不玩电子产品。开学后作为家长,首先我们要非常清楚地了解学校的作息时间。另外,一定要按时送孩子上学,千万不要迟到,且家长要以身作则,告诉孩子要有时间意识,要遵循学校的纪律和规章制度。

学习是一场马拉松,小学是孩子学习生涯的开始,幼小衔接绝不只是知识的衔接,也不是一个能够临时突击的过程。随着孩子年龄的增长,知识总是能掌握,但是学习和生活的好习惯却不能一蹴而就。父母对幼小衔接的认识、态度和行为,将决定孩子入学后在很多方面的表现。这个过程需要我们家长做好充分的准备,选择适合自己孩子的方式去培养。

幼升小,如何帮助孩子做好入学的心理准备

孩子到了 5~6岁后,就即将结束幼儿园生活而进入小学了,这一阶段也是孩子结束以游戏为主导活动的学龄前生活,走上以学习为主导活动的正规学习生活的过渡。这一过渡看似简单,但家长朋友们如果引导得不好,很容易导致孩子对小学生活不适应、学习跟不上、无法融入班集体甚至厌学等不良后果,给他的心理带来很大的阴影,所以家长们对此务必引起高

度的重视。

儿童教育专家认为,孩子从幼儿园到小学这段时间,我们父母要帮助孩子做好物质和心理上的准备,其中后者更为重要,然而,大多数父母只抱怨孩子上小学后很难适应,其实,他们不知道的是,这不是孩子的问题,是父母没能帮助孩子顺利实现心理过渡的问题。具体来说,我们可以从以下几个方面帮助孩子做好心理准备:

1.生活习惯的适应

孩子在家庭或在幼儿园里,他们的生活节奏比较慢,而且主要是游戏和玩乐,而到了小学后,主要任务就是学习了,每天都要上好几堂课,还要适应打铃,要规规矩矩坐在座位上听课,更不可能违反课堂纪律,上课时不能上厕所,另外还有家庭作业等。

在孩子小学一年级开学前,我们就要在暑假时按照一年级的作息时间来对孩子进行培训。有些孩子上过学前预备班,情况可能会好点,但无论如何,家长都要引起重视。

2.自理能力的提高

我们在平时就要有意识地让孩子自己学会自己穿、脱衣服,系鞋带,洗手和上厕所等,培养他们自己管理自己的文具、书包以及如何使用这些文具的能力等。

3.学习动机的激发

5~6岁的孩子,虽然已经有了一定的认知能力和思维能力，也知道要努力学习，但是动机并不明确，甚至还有可能认为自己学习是为了父母，为了老师等，这会造成孩子学习积极性不高。对此，要通过各种方法，激发孩子的学习兴趣与积极性。家长要结合孩子的理想、愿望，给孩子讲学习的重要性，而不要空洞地只讲大道理。

如可先问他："你长大后要做什么呀？"答："我长大后要当作家。"这时可进一步给他讲作家是做什么的，要当作家需要掌握哪些知识等。这样，孩子就会明白，要想实现自己的愿望和理想，就必须好好学习。

4.模拟小学课堂

在上学前，为了让孩子尽快适应小学的学习生活，我们可以在家里为孩子进行模拟课堂的训练：上学带齐学习用具，准时到校；听到铃声响走进教室，坐在自己的座位上，把书包放进课桌；老师来到教室时，起立向老师问好；坐的姿势要端正，上课认真听讲，发言先举手等一整套的学习程序的训练。家长充当老师，对孩子进行反复的训练而使其形成习惯。

5.学习方法的培养

家长应教会孩子上课注意听讲及识字、阅读的方法，书写和做作业的技巧，培养孩子按时准备功课、完成作业的习惯。只有让孩子能自觉地适应这种学习方法，入学后才能顺利地开始正规的学习生活，并取得好成绩。

6.角色转变的演练

孩子入学后,就要从"玩乐的孩子"转变为一名按时完成学习任务的小学生,所以家长要在孩子入学前进行这种角色转变的预演。

如,可以称呼你的孩子为"某某某同学",来启发他的角色意识,并对他讲:"上了学就是一名学生了,就要遵守学校纪律、和同学搞好团结、尊敬老师、爱护公物等,这些都是学生要做到的。" 当孩子有了这样的意识后,自然能很快融入学习生活了。

7.训练孩子的独立生活能力

孩子独立生活能力的训练是从幼儿期就该开始的。在孩子即将成为小学生时,应特别考虑他是否已具备如下一些在集体生活中必需的独立生活能力,并进行强化训练。

(1)孩子能认清自己的东西吗?会将自己的文具收拾起来吗?会自己削铅笔吗?

(2)孩子会自己走进厕所大小便吗?会自己穿脱裤子吗?会自己擦屁股吗?

(3)孩子会扫地、擦桌子吗?

(4)孩子知道自己家的地址和父母的姓名吗?知道学校的校名吗?认识从家到学校的路吗?

(5)孩子遇到困难时能想办法吗?需要别人帮助时能把自己的要求说清楚吗?

（6）孩子能简单回答别人的提问吗？在集体中能明白老师交代的事情吗？

一般说来，孩子做好了如上的心理准备，就能很快适应学校生活，顺利地度过人生的第一个转折期。如果发现孩子某一方面心理准备不够充分，那么，在入学前及入学的最初阶段，就需要特别留意，及时"补课"了。

俗话说"好的开始是成功的一半"，总之，在孩子上学前，家长应该把能想的都想到了，能做的都做到了。只有这样才能将孩子上学后的麻烦减少到最低程度，让孩子高高兴兴上学、快快乐乐学习，尽快适应小学的学习生活。

幼小衔接，有必要让孩子提前学习小学知识吗

在孩子即将从幼儿园升入小学时，一些家长往往担心孩子的知识储备不足，难以应对小学的学习，所以纠结要不要让孩子提前学习小学知识，比如，一些父母会产生疑问："我家孩子快上小学了，用不用提前学点小学知识啊？""我家孩子是年底出生的，那我是多上一年幼儿园，还是报一个社会机构的学前班啊？"……其实很多家长都有这样的困扰，为此，儿童教育专家都给出了这样的回答：幼儿园的孩子没有必要提前学习小学知识。

第09章

再见，幼儿园：提前准备，帮助孩子做好幼小衔接

教育专家认为，我们的孩子的童年时间是有限的，所以在这个有限的时间内，要给予孩子足够的快乐。他们想去玩就让他们玩，他们想去学习就让他们学习，这并不是浪费时间，要知道，孩子玩耍和做游戏的过程，也是一个学习和成长的过程，孩子们在通过他们的方式认识和感知世界，他们的眼睛在看、耳朵在听、鼻子在闻、小手在摸，小心灵也在试着感受。

的确，哪个年龄段，就做哪个年龄段的事情，不要破坏孩子的成长轨迹。然而，一些家长又提出疑问，不提前学会落后吗？那如果不提前学习，孩子上一年级后能跟得上吗？如果比别的孩子表现差怎么办？

其实，家长这样的想法完全是多余的，要知道，目前我们的小学课程安排都是从零基础的标准开始的，只要孩子能认真跟着老师的节奏走，一般不会有太大的问题。相反，如果提

前让孩子学习，反而可能带来一些负面影响。有的孩子提前学了，一年级表现很棒，开始有骄傲情绪，但是一旦到了三四年级，那些没有提前学习但后劲儿很足的孩子开始赶上来，这就很可能会挫败那些起步提前而表现优异的孩子了。

另外，尽管一年级的知识简单，但是家长未必能正确地教给孩子，如果采取了不符合儿童特点的方法，往往容易损害孩子对学习的兴趣；还有孩子在家里掌握了本该在课堂上学习的内容后，在课堂上听讲的质量就会大打折扣，不容易养成良好的听讲习惯，会影响以后的学习质量。

因此，建议您不要在意孩子掌握知识的多少，而要关注孩子的学习兴趣和学习习惯。以下几方面可供您尝试：

（1）让孩子说出自己所做事情的名称和内容，或者看图说话。您还可以通过命名游戏、谈话、唱歌等活动，引导孩子运用口语大胆地表达自己的想法。

（2）每天晚上安排一定的时间与孩子一同阅读。仔细倾听孩子对故事的描述，问一些和故事有关的问题，促进孩子对故事的理解，提高孩子的阅读能力。

（3）与孩子一起创设学习汉字的环境。随时随地和孩子一起认读生活中遇到的有趣的汉字，培养孩子对汉字的兴趣与敏感度。

（4）从日常生活中引导孩子感知并学习数字、形状、数量关系等方面的知识，启迪和保持好奇心。

当然，我们这里说的，不必要提前学习小学知识也并不是绝对的不学，我们说的"不提前学"是指不提前学小学课本上的知识内容，不提前学大量的拼音、算数等知识，但是，可以提前带孩子通过接触一些简单的学习来"感知"知识。

比如，在幼儿园大班的时候，给孩子买一些带拼音的故事读物，可能孩子并不能完全看懂，但他可能会对图画、拼音符号产生兴趣，从而激发他主动学习的欲望；再比如，有机会的话可以带孩子去参观小学校园，告诉孩子小学的生活是什么样的。也就是说，幼升小孩子的学习不是要求他学会了什么，而是要激发他愿意学的兴趣。

"从幼儿园升入小学，不要纠结孩子成绩如何，不要纠结孩子这个不会那个不会，只要记住，在这个阶段，良好的习惯培养远远胜于一个好的成绩，我们要给孩子一点时间。"等等孩子，成长需要时间，只要有家长耐心的陪伴和正确的引导，一年后你就会看到孩子的进步。

总的来说，孩子入学前，要不要让孩子提前学习一年级的知识，这样的顾虑是完全没有必要的，我们要着重激发孩子的学习兴趣和树立正确的学习动机，进而帮助他们以最佳的状态投入到小学的学习中。

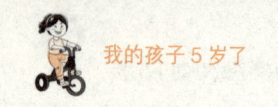

如何走出幼小衔接的误区

　　幼小衔接问题是长期被教育工作者和家长所关注却一直没有得到很好解决的难题。近几年来，幼儿园和小学教师越来越认识到了衔接工作做得如何，直接影响儿童入学后的适应和今后的健康成长，影响义务教育的普及和质量的提高。它涉及家庭和社会各个领域，对此，社会各界从不同角度、不同方面为缩小衔接的坡度做了一些有益的工作和研究，并取得了一些成效。但从总体看，幼小衔接工作还存在不少问题，有些衔接工作已走入了误区，表现在：

1.孩子的成绩就是唯一

　　其实，孩子在三年级之前，他们的考试分数都不能说明什么，因为很多孩子往往粗心大意，或者上课不认真导致考不好，并没有学习能力差。因此，我们在平时要多注意激发孩子的学习兴趣和培养孩子好的学习习惯，而不仅仅关注孩子的学习成绩。

2.幼小衔接就是孩子的事儿

　　作为家长我们都知道，学习是孩子的事，因此，他们对这一阶段的孩子什么都不过问。其实，孩子成长的任何一个阶段，都需要我们父母的关怀，并给孩子心理和情感上的支持和帮助，让孩子在人生的每一个转折点都走得更加从容。在幼小衔接这个关键阶段，同样也不例外。

因此，需要经历幼小衔接这个适应过程的，除了孩子，还有家长。为了在这个时期能给予孩子有力的情感支持，成为他们勇敢向前的坚实后盾，我们需要和孩子一起提前做好充分准备，完成自我角色的转变，让孩子更加从容地进入小学。比如，我们要和孩子一样调整作息时间和生活节奏，提前模拟孩子上小学后的作息，以身作则，让孩子尽快调整过来。

3.幼小衔接就是择校

我们都希望孩子能上最好的学校，这毋庸置疑，但并不是所有家长都有能力做到，而实际上，很多优秀的孩子也并非名校出身，这些孩子的出色表现，来自家长的引导和教育。实际上，小学阶段，最重要的是孩子学习能力的培养、学习习惯的养成以及学习兴趣的挖掘，而不是一味地为孩子争名校。为孩子择校就跟人生的很多选择一样，合适的才是最好的。

4.幼小衔接就是多学知识

幼小衔接，是让孩子从幼儿园顺利过渡到小学的一个过程。我们不能单纯地把这个过程看成择校、上培训班，而是需要从多个方面去入手准备。

5.幼小衔接就得多上培训班

"幼小衔接班，上还是不上？"这个问题长期困扰着很多幼儿园孩子的家长。究竟要不要上幼小衔接班，还真没有标准答案，关键取决于家长对孩子的期望、家长平时的用心以及孩子本身的特点等很多方面的因素。但有一点是非常清楚的，那就是绝不能把幼小衔接狭义地理解成多上几个幼小衔接班。

其实,家长的关注点不要放在是否应该学的问题上,而是应该放在何时学、怎么学等更为关键的问题上。幼儿阶段的孩子,应多以游戏互动的方式,通过玩来掌握应学到的知识,比如认字、数数等,而不应该让孩子机械地、被动地学习。

6.重视物质准备,忽视心理准备

对于即将上小学的孩子,由于他们的角色和任务会发生很大的变化,所处的环境、所接触到的老师和同学也会有很多不同,这就需要我们帮助孩子提前做好适应这些变化的相关准备。其中最重要的入学准备就是让孩子在心理上做好充分准备,以便入学后尽快适应角色的转变和环境的改变,让孩子的心理顺利实现从幼儿园到小学的适应。

7.把孩子送到学校就是学校的事了

小学是孩子学习生涯的起点,学校固然是孩子除了家庭外的第二重要场所,但并不是唯一场所。教育孩子,绝不仅是学校和老师的任务,需要家庭和学校的相互配合、共同参与、分工协作。

尤其是对于孩子幼小衔接的问题,更是需要学校和家庭互动,这才是最为关键的一点。因此,我们家长要支持和配合老师的工作,另外,在平时要督促和检查孩子的作业、积极参加学校组织的家长会或亲子活动、孩子有事无法到校上课事先请假、对学校和老师的要求给予积极回应等。

8.孩子不适应就随便责骂

从幼儿园到小学，这是孩子人生的第一次重要的转折，孩子也需要一定的时间来适应，并且，每个孩子的适应期不同，有些孩子进入小学一个月就能完全适应，而有些孩子可能就需要一个学期甚至一个学年。

一般来说，孩子进入小学后出现不适应的问题主要集中在以下几方面：

（1）生活方面，比如，小学公共设施的模式，以及对用餐、如厕、饮水或作息时间的不适应；

（2）学习方面，比如，对学习内容与教学方式的不适应和对每天要带好学习用品、按时完成作业等规则的不适应；

（3）人际关系方面，比如，小学班级里的同学与幼儿园的小伙伴不同，需要重新去结识和认识，如果处理得不好，都会使孩子对小学老师、新的同伴产生一种距离感。

如果家长没有做好幼小衔接工作，导致孩子进入小学后不适应，我们需要注意以下几点：

（1）多给孩子鼓励和肯定，提供情感上的支持，不要随便责骂孩子；

（2）跟孩子一起寻找解决问题的办法，把每一个问题都当作孩子和家长共同成长的机会；

（3）保持家校联系、搞好家校互动，积极争取老师的支持和配合，助力孩子的成长。

幼小衔接时，如何帮助孩子克服分离焦虑

生活中，我们每个人都会遇到离别的时刻，与亲朋好友离别，难免产生一些负面情绪，但作为成人的我们，一般都能自行调节，而对于年幼的儿童来说，他们很容易长时间的产生不安情绪，这就是"分离焦虑症"。

所谓分离焦虑症，它是儿童时期较常见的一种情绪障碍，而这种不适应行为或情绪，依不同年龄，会有不同的行为反应，例如：较小的孩子，会表现出来紧紧抱着父母不放、害怕、非常爱哭；而较大的孩子，则会有惧怕的表情出现、情绪非常不稳定、又叫又跳、耍赖、哭躺在地上不起来等。

对于即将上小学的儿童来说，他们即将从幼儿园时的依赖父母，到开始独立学习和处理问题，难免产生畏惧情绪，也就容易产生分离焦虑。那么，我们该怎样判断一个孩子是否有分离焦虑症呢？以下几点表现可以作为我们判定的标准：

主要表现为哭闹不止、独立孤坐、单独活动、情绪紧张、念叨回家、拒睡拒吃、随地大小便、依赖大人、乱跑、侵犯等。

（1）孤独与迟钝：这种孩子常不合群，对集体或游戏均不感兴趣，自己生活在幻想之中。所以表现冷淡，少说话，反应迟钝。

（2）恐惧和胆怯：与勇敢的孩子相反，恐惧和胆怯的小儿

怕黑暗、怕空旷、怕见生人、怕独处一室。这种恐惧紧张往往造成失眠、梦魇、易哭、懦弱和缺乏自信。

（3）固执与韧性：孩子表现为对抗的态度，稍不遂意即哭闹、打滚，以拒食来表示反抗。坚持自己无理的要求。

（4）暴怒：孩子脾气猛烈，不如意即大哭、大闹、叫喊、扔东西、踢人、咬人、以头碰墙等。还有一种比较特殊的表现是孩子哭叫一两声或大哭之后，突然呼吸停止，面色紫绀，随之抽搐或"昏死"过去，好一会才恢复过来，医学上称为屏气发作。

（5）顽固性习惯：表现为吸吮手指、咬指甲和衣襟，摸弄生殖器而致手淫等。本来吮吸动作系一种与生俱来的生理反射，但如果随其发展成为一种不良习惯。如吸吮橡皮奶头，将

手指放入口中以获得吮奶样满足，久之即可成为顽固性习惯。又如不注意孩子生殖器及肛门的清洁而引起局部瘙痒，是造成孩子手淫的原因之一。

那么，为何我们的孩子会有分离焦虑呢？

1.对儿童的过分呵护、娇惯溺爱，使儿童依赖性增强

在生活中对儿童的过分呵护、娇惯溺爱，使孩子的独立性变差，生活技能缺失，自理能力差，一旦要走出家门离开父母亲人，便不知如何应对，这是产生儿童分离焦虑症的主要原因。

2.朋友多的孩子，分离焦虑较轻

在大家庭长大的孩子，日常接触的人多，容易产生对别人的信任，依恋的对象广泛，分离焦虑较轻。反之，在小家庭长大的孩子，如果亲友走动少，每天只和爸爸妈妈在一起，和外界接触少，容易认生，对爸爸妈妈往往产生强烈的依恋。

3.性格开朗的孩子，分离焦虑轻

平时活泼开朗、乐呵呵的孩子，和爸爸妈妈分手时，也不免大哭几声，但很快就会适应；性格内向、独立性较差的孩子，一般焦虑较严重，注意力难以分散，焦虑持续时间较长。

4.照料人的改变，会让孩子产生分离焦虑

孩子到了新环境里，如果和环境中的成员关系亲密，那么，孩子能很快适应分离，反之则不能。比如，孩子在幼儿园时由爷爷奶奶共同照料，孩子很容易适应。如果孩子一直是爸

爸妈妈自己带，妈妈上班了，孩子要上小学时，孩子被托付给陌生人（如保姆）照料，孩子往往容易产生严重的分离焦虑。另外，对于一些托管类小学，孩子从父母的怀抱到独立生活，更容易产生分离焦虑。

分离焦虑症对儿童的身心都有很大的影响，因此，作为父母我们要及早发现并减少孩子的分离焦虑，这对其将来能力的发展和健康人格的形成有着十分重要的意义。

美国一位心理学家研究发现，早期的分离焦虑如果比较严重的话，会降低孩子智力活动的效果，甚至会影响其将来的创造力以及对社会的适应能力。因此，在早期减少孩子的分离焦虑，对他能力的发展和健康人格的形成有着十分重大的意义。值得注意的是，近两年，新入园的幼儿中，焦虑程度严重的幼儿数量在增加。

为此，儿童心理学家给出以下几点意见：

1.积极的引导，让孩子认识到分离在所难免

我们要让孩子知道，即便不是每个小时都在一起，作为父母，也一样爱他，并且，父母与孩子分开时，千万不可表现出焦虑并将这种焦虑传染给孩子，更不要担心孩子无法适应新的环境。我们父母只有首先正确看待分离，才能让孩子远离分离焦虑。

2.要学会放手，培养孩子的自理能力

首先父母要有让孩子独立的意识，否则所有的行为都是一

句空话。而所谓独立的意识，简单一句话就是孩子能做的让他自己做，因为每个人的生活终将是每个人自己过，家长不能在他幼儿时剥夺他独立生活的意识。

从孩子学走路的那一刻，孩子就已走上自己独立的征途。对父母来说，则要做到，孩子能自己走，哪怕走得歪歪扭扭、会摔跤，也要让他自己走。只有这样，孩子以后才能走得好、走得让家长放心。

3.形成新的依恋关系

儿童分离焦虑产生的原因是因为离开了父母这一依恋对象，进而出现了不安全感。要让孩子不产生焦虑，适应父母不在场的环境，就要让孩子建立新的依恋关系。新的依恋对象可以是老师，也可以是别的小朋友。

所以，在日常生活中，父母就要有意识地扩大孩子的接触面，带孩子多接触一些陌生人，这样，在与父母分离时，他也就能很快地适应环境了。

第 10 章
给孩子足够多的心灵养护：永远不要让安全感缺席

生活中，我们每个人都需要安全感，安全感是我们心灵的归宿，同样，我们的孩子也需要。对于5~6岁的孩子来说，他们还小，他们的安全感很大程度来自给予他们生命的父母和家庭。为此，在家庭教育中，当孩子在成长中遇到问题时，我们先要给予孩子足够的安全感，了解孩子身上发生了什么，再给予引导，这样孩子才愿意信任你，进而接纳你的建议和帮助。

让孩子知道，父母永远是爱他的

人活于世，我们都需要爱，这是安全感和归属感的一种。最初，孩子感受到来自父母的爱，随着他不断成长、与社会的接触逐渐增多，归属感就更强烈，但在与人交往的过程中不免受到伤害，比如被人不留情面地批评，感觉被人排斥、压力过大或者精神极度疲劳。我们父母要让孩子知道，父母永远是爱他的，是他最强有力的精神支撑。

在成长的过程中，孩子毕竟是孩子，当他们失意时，需要我们父母的安慰和庇护，而如果我们不能满足孩子的这一心理需求，孩子得不到心灵的庇护，孩子就有可能企图通过其他途径获得。他可能去向那些根本不想取悦他的人寻求庇护，并可能通过危险的非法方式获得乐趣和身份，那么，后果将不堪设想。很多孩子离家出走，误入歧途就是因为得不到父母的认同和慰藉。

对于5~6岁的孩子来说，他们虽然已经有了一定的独立意识和自我认知，但是他们依然需要来自父母的爱。作为父母，我们要让孩子感受到爱，他们才会大胆地去成长，去实践，也才愿意把我们父母当成朋友，我们也才能给孩子的成长保驾护航。

那么，在教育中，我们该怎样让孩子感受到来自父母的爱呢？

1.和孩子保持交流

交流沟通能力在促进人们社交健康、情感健康和个人成功方面起着关键作用。如果父母不与孩子交谈，意味着缺乏兴趣，孩子可能将之理解成对他的忽视。所以，家庭中的沉默会给他的自尊、自我价值感以及他对未来家庭关系的信任带来毁灭性的影响。

孩子在生活中受挫的时候，需要父母的鼓励，否则会导致他严重的受挫感。家长应该接纳孩子的感受，那么，他就可能学会接纳、控制、喜欢或者应对自己的感受。另外，家长也可以帮助他提出要求。比如对他说："我想你现在很难过，给你一个拥抱，你会觉着好点吗？"这样的话能让他放松地表达自己的想法："我现在心情不好，我来是想得到一些安慰。"

2.做他最后的庇护者

当你的孩子正处于困难时期，当他再也无法忍受、无法继续伪装坚强之时，他需要一个藏身之所，某个地方，某个人，成为他最后的庇护所。在这里，他展示真实的自我；在这里——至少在很短的一段时间，没有人要他负责任，被无条件地接受；在这里，他可以真正放松下来，因为他知道，有人愿意暂时分担他一时的负担，让他得到解脱，是他坚强的后盾。

父母显而易见应该是孩子最后的庇护者，因为父母对孩子非常重要，虽然在某些时候或情况下，家长可能觉得自己缺乏足够的情感储备，不能为孩子们提供其所需要的慰藉。这个时候，你不用对你孩子说些什么或者做些什么，而应该好好考虑一下，除了你与他保持亲近外，他是否还需要你为他做些什么。要让他恢复对自己的信心，其实并不需要付出太多的努力。

（1）当你的孩子请求原谅时，请接受他抛来的橄榄枝，并尽力忘记那些不愉快的事情。

（2）为他提供庇护，并不意味着你永远对那些已经发现的有问题的行为视而不见、不理不睬。

（3）积极主动，想他之所想——预见他的感受，如果你认为他需要，主动给他以安慰。

（4）在没有压力的寻常时间里，找个机会开诚布公地告诉他，在他需要的时候，家永远是他最后的庇护所。

3.给面临压力的孩子以支持

压力不仅仅困扰着成年人,事实上,孩子面临着双重的压力。一方面,他要承受来自自身生活中的事件,比如欺凌、学业压力和交友问题的压力。另一方面,他还受到心事重重、缺乏忍耐的父母所面临压力的间接影响。面对压力,他们可能比成年人更加迷茫而不知所措。

一位母亲说:"我过去认为我孩子挺好的。尽管他孤独了些,但他看起来生活得不错。我的生活也还行。我们之间交谈不多。后来,孩子进入小学后,他开始逃避一切事情。如今他不学习,整天关在家里,也不说话。我们的生活真的是一团糟。"

这个孩子的表现就是压力过大造成的,如果你的孩子长时间地难过或者郁郁寡欢,超出了你的预期,或者变得富有攻击性,离群索居,或者不愿与人交往,睡眠不安,注意力不集中,或者过分依附他人,这时,他可能正感到痛苦难过,需要你对此采取一些慰藉他的行动。此时,你应及时告知他事情的变化及做出的决定,以便他感觉到没有失去控制。保持生活的常规不变,以强化他的安全感。

孩子毕竟是孩子,他需要父母的精心呵护;只有给予他足够的爱,他才会理解爱的内涵,才会积极健康、乐观向上地成长,这不正是父母所希望的吗?做孩子坚强的精神后盾,他的成长才有保障!

允许孩子失败，孩子才会坚强

有这样一则新闻，在某小学，有个女学生，学习成绩很好，喜欢帮助同学，人缘关系不错，老师和同学都很喜欢她。但有一次，一个学习成绩差的同学求她帮忙，让她帮忙作弊，谁料没有作弊过的她因为紧张过度被老师发现，最终被老师赶出考场。

事后，她对这件事一直耿耿于怀，最后羞愧地跳河自杀身亡。对这名女学生自杀事件，人们从各个角度在报纸上展开了大量讨论，谈的最多的还是孩子的心理素质——心理承受力的问题。

我们不得不承认，现在的孩子心理承受能力越来越差。在学习方面，过分注重自己的学习成绩，一次考试成绩不理想就会使自己伤心很久，甚至出现厌学的倾向；在人际关系方面，害怕别人拒绝自己，不知道怎么与人相处，同学之间出现一点小矛盾就会感到束手无策，从而使自己心神不宁，学习退步等，以上的种种都是孩子输不起的表现。

对于5~6岁的孩子来说，他们在这一问题上也常常有这样的表现：胆小、畏首畏尾、在学校受批评就会难过很久甚至无法排解、不善交际、害怕考试等。而这一年龄段是孩子心理素质历练的最佳时期，在这一时期，作为父母的我们，要给孩子宽松和充满爱的环境，要让孩子明白，无论他成功与否，父母永远是支持和爱他的,这样,孩子才会坚强。

　　心理承受能力,是指一个人从挫折中恢复愉快心情的心理素质。心理承受能力对一个人的生活和工作是非常重要的。一个人只要进入社会,就会遇到各种压力、困难和挫折,有的人能勇敢、乐观地去战胜它,而有的人却显得懦弱、悲观,处处想逃避它。在这个快速发展的社会里,我们每个人包括我们的孩子,都会遇到各种压力。比如考试不及格,竞赛不入围,升不了重点中学,和同学、老师关系不好等,这些都会给孩子带来心理压力。特别是那些性格内向的孩子、学习成绩差的孩子、单亲家庭的孩子、生理有缺陷的孩子、失足有过错的孩子,他们面对的问题更多。再加上父母不能正确地指导、对待他们,使这些孩子在遇到不愉快的事情时,就会有话不敢说,心里的郁积得不到舒展,久而久之,就给自己造成了强大的精神压力。

　　对于5~6岁的孩子来说,学习任务比较轻松,但随着孩子年龄的增长和学习任务的加重,孩子的心理问题将会越来越突出,比如,近年来,中小学生离家出走甚至自杀现象逐渐增多。究其本源,也都是些成年人看起来微不足道的原因。但对孩子来说,这些压力却成为他们的一种精神负担,容易引起孩子的心理障碍。如果孩子从前话很多,突然变得沉默起来,那可能遇到了问题,父母应该及时给予帮助。

　　然而,这些问题,"病"在儿女,"根"在父母。一些父母一旦孩子犯点错，或者某些方面没做好，就严加训斥，孩子哪有经受困难与挫折的心理准备和能力。表面上看，这些孩子个性十足，其实内心十分脆弱，就像剥离的蛋壳，稍一用力，就成了碎片。

事实上，我们要认识到，允许孩子失败，孩子才有可能真正成长起来，对此，儿童教育心理学建议我们：

1. 允许孩子慢一点

现代的独生子女在其成长过程中，父母总想方设法排除一切干扰，让其顺利成长，缺少甚至没有必要的应激和挫折。这样，适应力从何而来？遇到挫折又怎能输得起呢？

与其他孩子比较本无可厚非，可千万不要忘记对自己孩子的前后比较，更不要从你的视角来设想孩子的所见所闻，因为"你如果不蹲下来和孩子一样高，又怎么知道孩子看到的仅是成人的大腿呢"？要用成长的事实来鼓励孩子成长，慢一点不要紧，关键是每一步都要有孩子自己的汗水和思考。

2. 正确面对孩子的挫折

当孩子遇到挫折时，家长一定要正确面对，千万不要反应过度。面对遭遇挫折的孩子，家长要避免做出任何消极否定的反应，这种反应只会加重孩子的失败感。家长不妨改变一下方式，变消极否定为积极鼓励、加油。这样做，既在客观上承认了孩子的失败，又充分肯定了孩子的努力，保护了孩子的积极性，同时，为孩子指出了继续努力的方向。

3. 给孩子制订一个适度的发展目标

适度的期望是相信孩子的表现，能帮助孩子发挥自己的潜能。因此，作为家长，一定不要否定你的孩子，而要相信孩子有能力、有潜力去做一件事。但同时，家长更要从孩子自身的特点出发，帮助孩子制订一个适度的目标。同时，无论成败，都要给孩子一个客观的评价，孩子在哪里做得对、哪里做得不对、该发扬什么优点、改正什么缺点等，在此基础上，孩子才能从容应对生活中的各种挫折。

4. 避免用语言、行动证明孩子的失败

现在的独生子女心理素质差，受挫能力普遍较低，这就要求家长帮助孩子树立坚强的意志，培养他们敢于直面逆境的信心与毅力。要将孩子推上风口浪尖，让其经风雨历磨难，这对孩子克服软弱、形成刚毅的性格大有帮助。

5. 孩子失败时，告诉孩子"别怕，有爸妈在"

家长要多尊重孩子的自尊心，要尽可能支持他们，尤其在他们遭遇困难、失败的时候，帮助他们分析事件和自己的心理，理出一个能够被孩子接受而不僭越事物正常规则的解决方案。一句"别怕，有爸妈在"，会让你的孩子真正感受到自己并不孤单。

6. 鼓励你的孩子多吐露心声

作为家长，要在家庭中发扬民主，平时要多注意和孩子沟通，让孩子发表自己的观点，这可使孩子感觉到无论做什么，

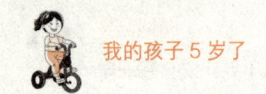

只有"有理"才能站稳脚跟,这对发展孩子个性极为有利。

总之,作为父母,我们一定要明白,孩子毕竟是孩子,在成长的过程中,难免会遇到这样那样的问题,对此,我们要给予理解和支持,并鼓励孩子坚强、自信地面对问题。这样,孩子往往比较容易听进去,进而愿意接纳你的建议,并学会正确面对成长中的挫败。

关注孩子的点滴进步,让孩子知道你在关心他

望子成龙、望女成凤是父母最大的心愿,每位家长也都希望自己的孩子能够出人头地,成为社会上的有用之人。在这一殷切的希望下,不少父母在孩子还在幼儿园时就严加管教,认为"棍棒下出人才",他们总是盯着孩子的缺点和不足看,他们认为这样能督促孩子进步,结果却适得其反。在父母长时间的打压下,不少儿童也认为自己毫无优点,甚至产生严重的无用感,这些孩子有这样一些表现:在人群聚集的场合无法参与谈话,想表达自己心里的想法,但又张不开口,甚至害怕自己的发音不准;他们开始讨厌自己,认为自己很没用;在整个交际过程中,都处于一种紧张的状态。这对孩子的成长是十分不利的,这些孩子往往十分脆弱、常常自卑,又具有极力压抑自己的恶习;他们摆脱不了挫折的阴影,或者干脆躲在阴影中看

这个世界。

其实，我们家长都希望教育出勇敢、坚强的孩子，但这首先需要我们对孩子的肯定，这样，他们才有勇气正视自己的优点，也才能发挥自己的价值。

儿童在成长的过程中，最需要的是来自父母给予的安全感，而这一份安全感的重要表现就是来自父母的肯定，如果我们紧盯着孩子的缺点和不足看，无疑是对儿童自信心的打击，为此，儿童教育心理学家建议我们父母做到：

1.要用发展的眼光看待孩子

古语有云："士别三日，刮目相看。"历史经验值得汲取。任何人、任何事都不是一成不变的，我们的孩子也是在不断进步的，而同时，孩子对于父母的态度是很在意的，假如你的孩子进步了，你一定要赞扬他，而不是以老眼光来看待他的缺点。

玲玲和洋洋是很好的朋友，今年他们上一年级，且被分到了同一个班。这天，洋洋来玲玲家玩，玲玲妈妈就留洋洋在她家吃饭，吃饭期间，自然提到了期中考试成绩的问题。洋洋说自己这次考试满分。

一听到洋洋这么说，玲玲妈妈就开始数落玲玲了："你就不能和洋洋学学？她怎么就那么优秀，你呢，像上课注意力不集中，不专心听讲，又不求上进的人，怎么能取得好成绩？回房间去好好想想去，我不想看到你这个样子。"

虽然不是第一次遭妈妈训斥，可玲玲觉得好没面子，只好

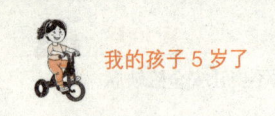

自己回了房间。

其实，我们的生活中，很多孩子都有过玲玲这样的遭遇。一些父母，根本看不到孩子的进步，总是拿孩子的缺点说，并且，还当着其他人的面，这让孩子的自尊心受到严重的伤害。

而明智的父母则不是如此，他们会看到孩子身上的点滴进步，在孩子有任何一点的进步时，他们都会夸奖孩子，让孩子感受到父母对自己的爱和关注。

每一个父母在教育孩子时，都要告诉孩子，只要他努力了，无论成绩如何，都是好孩子。

事实上，孩子自己对于自身的进步也是十分敏感的，他们最希望得到的是来自父母的认同，如果我们总是负面评价孩子，对孩子的进步充耳不闻，那么，久而久之，孩子便不愿意向父母敞开心扉了。如果父母能够及时发现孩子的进步并进行表扬，孩子的心灵就会得到阳光的沐浴，进而敞开心灵，把父母当成最好的朋友。而融洽的亲子关系是家庭教育最基础的保证。

2.要全面地看待孩子

有时候，我们只看到了孩子的某个方面或者某些方面，而没有全方位地了解孩子。你发现没，你的孩子虽然学习成绩不好，但他的人缘却很好，别人总是愿意和他交朋友。对于这点，你夸赞过他吗？

3.要客观地看待孩子所做的事

无论你的孩子做了什么，你都要从事情本身评价，这样，才能避免因刻板印象而误解孩子。

在社会心理学中，这种用老眼光看人所造成的影响，称为"刻板效应"。它是对人的一种固定而笼统的看法，从而产生一种刻板印象。家庭教育中，我们要看到孩子点滴的进步，要学会从多方面看待孩子，只有这样，才能对孩子产生认同感，才能加深亲子间的关系，从而有利于家庭教育的顺利进行。

4.给孩子适当的鼓励

（1）在生活中要注意并善于发现孩子的优点和点滴的进步，并不失时机地给予肯定和表扬。

（2）不要总拿孩子的缺点和别人的优点做比较，更不要贬低孩子。

（3）不管你的孩子表现如何，都不能随便作出"没有出息"之类的负面判断，也不能任意给孩子贴上"窝囊废"之类的灰色标签。

（4）不要单纯抽象地用貌美、聪明、学习成绩好等夸奖来满足孩子的自我表现欲，而要尽可能地在具体的不同层次上让孩子看到自己特有的优势，从而实现高质量的自我满足。

（5）要教育孩子重视自己每一次的成功。成功的经验越多，孩子的自信心也就越强。

（6）要让孩子知道，只要付出，就会有收获；付出的越多，收获的就越多。

家庭冷暴力,对孩子伤害极深

随着社会的进步,人们的生活水平不断提高,但人与人之间的交流却少了,在我们心灵的港湾——家中同样也是如此,冷暴力的现象越来越多地出现在家庭中。那么,什么是冷暴力呢?

所谓冷暴力,是暴力的一种,它的表现形式为冷淡、轻视、放任、疏远和漠不关心,导致他人精神上和心理上受到侵犯和伤害。有些父母总是用自己的想法来要求孩子,孩子一旦达不到自己的要求便对孩子冷眼相向,不理不睬。孩子犯错时从来不会给孩子温和的言语和笑脸,受到父母的影响,孩子在与人交流的时候也不会太过友好。很多孩子会认为家长对待自己的方式也会是别人对待自己的方式,所以他们会渐渐地疏远所有的人,把自己孤立起来。

俗话说,天下无不是之父母。父母做的每个决定都是为了孩子好,他们无意去伤害他们的孩子,但是有的时候有些决定的后果却不是父母都能预料得到的。有时候面对冷暴力,孩子未必能理解父母的良苦用心。他们只会被这种这种暴力伤害得更深,从而影响亲子之间的交流。

小雷今年6岁,刚上一年级,他是个好孩子,一直很听话,但是最近小雷的爸爸却发现小雷每次放学都不按时回家了,有很多次甚至是等到天黑透了才回家。

第 10 章

给孩子足够多的心灵养护：永远不要让安全感缺席

小雷的爸爸十分的生气，这天，他觉得自己再不管，小雷就要学坏了。于是他不管三七二十一就把小雷狠狠地批评了一顿，事后也没有给小雷解释的机会。一天，小雷在茶几上写作业，他爸爸正在看报纸，突然电话铃响了，是小雷的老师。老师跟小雷的爸爸说，他们最近搞了一个课外辅导班，成绩好的学生在课后帮助成绩差一点的学生，尽快地帮他们提高成绩，小雷最近几天之所以回来那么晚不是贪玩，而是在帮助同学。小雷很开心地跟爸爸说："爸爸，我没有去玩儿，我是在帮助同学。"小雷原本以为爸爸会向自己道歉，但是没想到爸爸说："就你还去帮助别人，你还是得了第一名再去帮助其他的同学吧。"

小雷因为爸爸的这些冷嘲热讽开始变得郁郁寡欢，每当他想要帮助同学的时候，爸爸冷嘲热讽的话就会从脑海中回响起来。后来，他再也不敢帮助同学了，和同学的关系也开始疏远了起来。而且小雷从听到爸爸说"你还是得了第一名再去帮助其他的同学吧"这句话的时候，他总觉得爸爸对他不满意。他的心理压力特别大，成绩也受到了影响，和爸爸的关系也越来越僵。

其实，家长想要更好地教育孩子就要及时地跟孩子沟通，及时了解他们心中所想。在自己的心中积极地摒弃冷暴力。只有父母和孩子建立了良好的沟通渠道，父母才能更好地引导孩子。而且父母在向孩子提出更高的要求的时候一定要讲究方法，要比以往更有耐心。不要对孩子使用冷暴力，否则孩子不

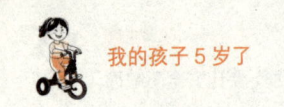

仅不能达到父母更高的要求，还有可能对自己进行自我封闭。

家长在教育孩子的时候使用冷暴力，会让孩子走向心灵南北极。不仅不会达到教育孩子的效果，反而会让孩子觉得父母不爱自己，更不愿意与父母沟通，从而影响亲子之间的关系。

那么，作为父母，你是否了解冷暴力对孩子的伤害？

1.冷暴力会影响孩子的性格发展

冷暴力会让我们的孩子变得冷漠、孤僻，在学校，他们不愿意与人交流、玩耍，不愿意与人合作，表现得自卑。

如果孩子所处的家庭冷暴力很严重，那么，久而久之，孩子内心就会变得越来越冷漠，心理防线很强，不愿意与人分享自己的事情，对待别人的事情也漠不关心，这就是孤僻。孤僻的孩子是无法融入集体的，未来也是无法融入社会之中的，这样的人不可能有很好的发展。

2.冷暴力会扭曲孩子的心灵

如果孩子长期处于冷暴力的生活环境中，久而久之，你会发现，无论你的孩子是男孩还是女孩，都会变得敏感、不轻易信任他人，外表冷漠，内心自卑又缺乏安全感，生活自闭，这对于孩子的成长是极其危险的。

3.冷暴力会影响孩子未来的婚姻家庭生活

如果孩子从小就生活在一个冷暴力的家里面，那么，随着他们年纪的增长，他们最终也会组建家庭，他们就会把自己的一些负面情绪带到以后的感情生活和婚姻里面去，尤其是在自己遇到争吵的时候,他也会采用冷暴力的方式去解决问题,这就是恶性循环,他们的孩子也会受到影响。

总之,父母教育孩子的方法一定要得宜,如果父母总是对孩子使用冷暴力,那么孩子就不愿意把自己内心的想法告知父母。这样做不仅影响孩子和父母之间的关系,还会让孩子患上精神疾病,这一定是广大的家长们不想看见的。

始终和孩子站在一起,与孩子一起成长

作为过来人的父母,我们都知道,孩子的成长既是快乐的,也是痛苦的,并且总是伴随着这样那样的问题。这些问题,既是孩子的问题,其实也是我们父母的问题,因为父母是孩子成长的楷模,而为人父母的过程也是一段成长和修行,因此,真正有心的父母会始终和孩子站在一起,共同面对成长中的问题。

从另外一方面讲,孩子遇到问题,需要我们对孩子脆弱的心灵进行呵护,但不难发现,一些父母,在他们的词典里,错误永远属于孩子。因为他们认为自己就是标准,就是法典,他们可以随意评价孩子、批评孩子,甚至辱骂孩子。其实,犯错误的往往是成人,是孩子的父母。孩子有口难辩,有怨难申。

在日本,有一本著名的书《孩子没问题,大人有问题》,

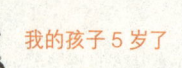

在这本书中,阐述了现代社会家长在教育中的问题。这本书的作者认为我们大人仍然面临着成长的艰巨任务,孩子在成长,我们也要成长,与孩子一起成长,是我们父母的重要使命。

作为父母,我们要知道,虽然现在孩子才五六岁,还未真正进入升学考试的竞争中,但未来,他们会生活在一个更多变化的社会,他们将会面对职场的激烈竞争,复杂的人际关系,也免不了一生中遭遇情场失意、事业困境、生意败北……总有一天,我们要先于我们的孩子而去,如果孩子没有过硬的心理素质和健康的心理状态,如何在这样激烈的竞争中取胜呢?

所以,作为我们父母,要时刻观察孩子的行为动态和心理变化,关注他们的身心健康,让孩子感受到来自父母的爱。一旦发现他们出现了心理问题的苗头,就要及时做好指路人,帮孩子疏导心理问题,以防问题积压,酿成大错。

1.随时观察孩子的情绪和心理变化

在生活中,父母不要只关心孩子的学习成绩、名次,也要关心他们的情绪变化,比如孩子在学校有没有受到什么委屈,学习上是不是有挫败感,最近跟哪些

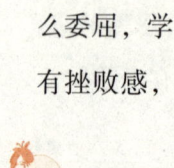

人打交道等。当然，了解这些问题，我们要通过正面与孩子沟通的方法，不要命令孩子，也不可窥探，只有让孩子真正感受到来自父母的关心，才愿意向你倾诉想法。

事实上，我们的孩子都是脆弱的、敏感的、容易受伤的，当孩子出现不良情绪时，你要让孩子尽情宣泄，就让他去哭个涕泪滂沱，而不是劝孩子"别哭别哭""男孩子不能哭"这样的话。告诉孩子："我知道你很难过。"或者什么都别说也好，给孩子独处的空间和时间去消化自己的情绪，帮孩子轻轻带上门就好。

2.尊重孩子的智力和能力，要有耐心

在和孩子相处的过程中，对于孩子遇到的问题，你不必马上给出答案，而应该和孩子一起钻研，与孩子共同解决问题。当孩子面对思考问题上的不足时，不必急于指正，这时我们可以坦率地承认自己也犯过类似错误，然后巧妙地指出孩子的错误，这对培养孩子的自信心有极大的帮助。

总之，作为父母要明白，家庭教育对孩子极为重要，我们无论再忙，也要关注孩子的成长，也要重视与孩子沟通，对于孩子成长中遇到的问题，要与孩子一起面对，让他们知道，父母始终是他们最坚实的港湾。

第 11 章
亲密关系转变期：孩子需要更多的尊重与独立

在家庭教育中，可能不少父母都认为，管教孩子，就是要让孩子听话，不然孩子很容易走错路，这要从孩子小时候开始教育，于是，他们在说话时尽量提高音调，以为孩子会听自己的话，但结果却常常事与愿违。其实，5~6 岁是孩子亲密关系转变期，他们开始从对父母的依恋到第一次产生独立意识，此时，有必要给孩子尊重与独立的机会，多听听他的心声，让孩子感受到我们对他的尊重，亲子关系也许会好很多。

爱他，就要信任他

有人说，当父母其实是一个自我修炼的过程，因为培养孩子，绝对不只是给孩子物质条件这么简单，而是要让孩子精神富足，要让孩子健康、自信地成长，我们不仅要为孩子的成长保驾护航，还要让孩子自己去体验成长的过程，这就需要我们信任孩子。事实上，那些幸福、温馨的家庭中，成员之间是互相信任的，在这样的环境中成长，孩子终日耳闻目睹，它的感染力是巨大的，潜移默化地使孩子学会了热情、诚实、善良、正直、关心他人等优良个性品质。

其实，相信我们的孩子，就是相信自己，这是对孩子，也是对作为家长的你的肯定。倘若没有人对孩子的能力表现出最初的信任，认为他值得得到爱、支持和关注，任何孩子都不可能相信自己。

教育专家认为，5~6岁是孩子亲密关系转变期，此时，如果我们不信任孩子，那么，会对亲子关系造成不利影响，也有碍于以后家庭教育方式的施行。我们来看看下面的案例：

曾有一位家长感慨地说："我无法和女儿交流沟通，我们的距离越来越远，我想我把孩子弄'丢'了。5月中旬，我们吵了一架，事发直接原因是女儿在我下班一进门时提出要去参

第 11 章
亲密关系转变期：孩子需要更多的尊重与独立

加一年级的歌唱比赛，一等奖的奖品是'背背佳'。我不假思索地一口否决了，'不去，妈妈给你买'。当时，没解释、没商量，也没了解孩子的心理。结果，我话音一落地，她的眼泪就刷刷地淌开没完了。看到她这样，我就更生气了！'你认为你能行吗？'就这样，她一句，我一句，各说各的理，嗓门越说越大，声音越来越高。一气之下说：'我不管了，让你爸爸管吧！'我拿起菜篮子就往外走，孩子也扯着嗓门给我一句：'你不相信我就是不相信你自己！'"

这位女儿的话不无道理，孩子是父母一手教出来的，对孩子能力的否定同样是对自己的能力甚至是教育能力的否定，只有相信自己的孩子，给他尝试的机会，才让孩子有历练的机会，他才会成长得更快。

成长是一个美妙的过程，而对于作为教育者的父母来说，这个过程却是艰辛而忙碌的。懵懂的孩子，要面对太多诱惑，经历太多挫折。正如这位妈妈一样，家长要想不"丢失"自己的孩子，光靠管束和告诫是行不通的。要了解孩子的思想，就必须和孩子之间建立起互

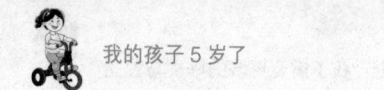

相联系的"精神脐带",不断地给孩子输送父母爱的滋养。

信任孩子,其实就是要学着去欣赏孩子看似"脱轨"的行为,也要试着放手让孩子去尝试一些明明你就觉得不会成功或者不正确的事。当然忍耐与等待的功夫也要练好,才能不急着帮孩子把事情都做好,让他有自己来的机会。重视孩子的意见和情绪则是最基本的,虽然你明明就觉得他说的、表达的都有些问题。最重要的是,当你面对孩子时,你还必须时时刻刻自我反省,看看自己是否在父母角色上扮演得恰如其分。

家长要相信自己的孩子,就应该做到:

第一,信任和相信他决断事情的能力、完成任务的能力、自己照顾自己的能力,以及当他足够大时负责任的能力。

第二,以他确信的方式向他表明你爱他、喜欢他。

第三,当心如下的想法:"我以前没有得到过或不需要他人帮助,他也一样。"他与你是不同的。而且,没有得到他人帮助的人常常将之说成"不需要他人帮助",以掩饰自己的失望。这就告诉父母,相信孩子,并不是对其放任自流,而应该给孩子足够的爱。

做到以上这些,父母必须从爱的基点出发,发现、发掘、抓住、肯定孩子的每一个优点和每一点进步;相信孩子的表现形式和落脚点就在于对孩子的赞许、鼓励、夸奖、表扬……相信你的孩子,才是真正的爱他,孩子才能成为一个在信任和赞扬中成长起来的有能力的人!

第 11 章
亲密关系转变期：孩子需要更多的尊重与独立

转变观念，教育方法不能一成不变

很多家长认为，给孩子足够的物质满足，才是给孩子一个更好的生活，其实家长恰恰忽略了孩子最需要的东西。孩子们最需要的不是玩具和零食，而是亲密感情的表现形式，比如你了解他的思想，理解他，认同他，给他一个鼓励的拥抱等。这一点对于已经进入亲子关系转变期的孩子来说尤为重要，要知道孩子到了5~6岁以后，他们的注意力开始从玩具、游戏转移到学习、人际关系上，他们尤其更在意来自父母的看法和意见，已经有了自己的爱好、思想等。对此，家长应予以正确的引导和鼓励，不能以一成不变、简单粗暴干涉的方式来约束孩子，应该突破传统教育的固定模式。家庭教育也需要与时俱进，父母应该在平时多留意社会的发展和孩子的想法，注意与孩子沟通，在了解孩子的想法后也多向老师求教，双方配合合理引导，从而共同促进孩子的健康成长。

做父母的首先要注意沟通方式方法。先反思一下：您是否唠叨？您与孩子的话题是否永远都是学习、听话？您是不是经常暗示孩子一定要考上大学？那您是否发现，孩子越来越不愿意和你交流？您的孩子是不是觉得你越来越"土"？之所以请您反思，是因为孩子在长大，他们已经不是婴幼儿了，儿童已经开始走出家庭和父母的保护，而进入学校，对父母难免开始疏离，而我们越是要求他们，他们越不听。最好的做法是改变我们自己的做法,打开与孩子交流之门,缩短与孩子的心灵距离。

事实上,要知道,学习是大多数孩子最反感父母与之唠叨的一个话题,要想跟孩子做好沟通,最好避开这一话题。

然而,不少父母会问,该和孩子聊什么呢?其实,要和孩子做朋友,就必须与时俱进,了解你的孩子在想什么,了解孩子才有共同语言。那么,哪些话题更适合与孩子沟通呢?

1. 谈点孩子感兴趣的话题

任何谈话,如果双方所交谈的话题是交谈者自己感兴趣的,他就会投入十二分的热情,但是如果他对所说的话题没有丝毫兴趣,即使场面再大,对方热情再高涨,也会觉得寡淡无趣的。我们父母,要想和孩子和平相处,并得到对方的认同,你就要彻底地了解孩子的所好,了解他感兴趣的话题,比如,儿子最喜欢的同学是谁,他喜欢什么样款式的衣服,他最喜欢做的事是什么等。再比如,他在学校发生了什么事,他喜欢哪个游戏,喜欢什么体育项目等。了解这些新事物,能让孩子觉得父母亲近,也就愿意与父母沟通了。

2. 谈孩子知道而家长不知的话题

时代在发展,社会在进步,孩子的思维和知识面未必不如父母。作为父母的我们每天为了工作和柴米油盐奔波,可能有很多不了解的知识,此时,我们可以向孩子请教,这样能让孩子觉得父母对自己尊重,一旦打开了沟通的心门,再让孩子从心底接受父母的教育和引导也就不是难事了。

另外，最主要的是，我们要让孩子自由安排与父母独处的时间。

很多父母感叹："虽然放暑假成天在家，儿子跟我之间每天的交流时间竟不到半个小时！""孩子上小学后除了学习就是和同学玩，根本不理睬父母，说多了还嫌烦！"

其实，既然你的孩子觉得你土，那么，你不妨请教他："这个周末由你来安排，不过前提是，你要带上爸妈……"如果你的孩子答应了，那么，就表明他已经允许你进入他的世界。

可见，孩子到了5~6岁，已经不像婴幼儿时对我们言听计从了，而我们家长也要转变教育观念，应该既把他们当孩子，也把他们当作朋友，当作一个与家长有平等关系的公民。我们必须抛弃"天下无不是之父母"这种陈腐的观念。只有这样的沟通，才是平等的沟通，也才是能让孩子接受的沟通。

别让溺爱毁了你的孩子

这是在一所学校门口发生的真实的一幕：有一对夫妇送7岁的儿子上学，到学校门口儿子不走了，要他爸爸叫他一声"爸爸"才肯进去。当爸的觉得在大庭广众之下叫不出口，求儿子免他一回。儿子自然不肯，不叫就不进去。他妈妈在一边撺掇他爸："你赶快叫吧！你就满足他的要求吧！"这当爸的没办法，对儿子叫了一声"爸爸"，儿子"唉"了一声，进校门了。

这样的一幕实在让人悲哀！这完全是被家长骄纵坏的，问题源于极度关爱，过分溺爱和无限纵容。这已经成为当今一些家庭的通病。有的父母娇惯孩子已经到了违背人伦常理的地步。

生活中，我们常听到一个词语——"严父慈母"，但同样还有一句话："慈母多败儿。"所谓慈母，指的就是一种过分的母爱，也就是溺爱。溺爱对孩子的危害是明显的。我们不难发现，社会上还有一些富家子弟，他们受到了溺爱的毒害，造成他们任性固执、追求享受、独立性差、意志薄弱、责任感淡漠等弱点。因此，任何一位家长都应该明白，溺爱孩子其实就是害孩子。

然而，生活中，随着物质生活水平的提高，很多家庭都是独生子女，孩子成了家中的小公主、小皇帝，他们要什么有什么，父母对他们呵护有加，爱护过度成了家庭教育的主流，这就是溺爱型教育。这样，只会让孩子养成依赖性和惰性，缺乏毅力和恒心，缺乏奋斗精神，将来也无法立足于社会。

我们都知道，5~6岁是孩子亲密关系转变期，此时，我们对孩子的管教方式正确与否，不但会直接关系到孩子的成长，还关系到亲子关系的亲疏。家长溺爱孩子，这只会让孩子变成自己的悲哀，相反，我们只有给孩子独立的机会，孩子才能真正长成独立的人。

一般来说，溺爱孩子，有以下几个典型的表现：

1.让孩子享有特殊待遇

这是中国长期的"独苗苗重要"的思想带来的，孩子在家中地位高人一等，处处特殊照顾，如吃"独食"，好食物他可以独自享用；爷爷奶奶可以不过生日，他却需要订蛋糕，送礼物，办聚会……这样的孩子自感特殊，习惯于高人一等，必然变得自私，没有同情心，不会关心他人。

2.孩子的要求能轻易满足，有求必应

有的父母对孩子的要求总是无原则地满足，无论孩子要什么都给，甚至不顾给自己造成沉重的经济负担，满足孩子过分的需求。这种孩子必然养成不珍惜物品、讲究物质享受、浪费金钱和不体贴他人的坏性格，而且毫无忍耐的品质和吃苦的精神。

3.不给孩子独立的机会

当今社会，人人都应该具有强烈的独立精神。可是有的父母为了绝对安全，不让孩子走出家门，也不让孩子和同龄人走在一起，生怕有什么危险，到了一定的年龄还接送上学，甚至是父母或老人时刻不离开一步，搂抱着睡，偎依着坐，驮在背上走。这样的孩子会变得胆小无能，丧失自信，欺软怕硬，在

家里横行霸道,到外面胆小如鼠,造成严重性格缺陷。

4.家长意见不合时,总有人当面袒护

有时爸爸管教孩子,妈妈护着;有的父母管教孩子,奶奶爷爷会站出来说话。这样的孩子全无是非观念,而且时时有"保护伞"和"避难所",其后果是孩子性格扭曲,有时还会造成家庭不和睦。

总之,任何父母都是爱孩子的,都希望孩子健康、快乐地成长,但我们要明白,什么是真正的爱。爱孩子就不能给孩子过于优越的生活环境,就不能溺爱孩子,让他吃点苦,才能让他明白什么是真正的生活,才能让他成长为一个健康、健全的人!

给孩子恰当的鼓励,让孩子获得自信与勇气

有人说,孩子的世界是简单的,他们的情感也是最直接的,作为父母,你给他什么评价,他们就会按照你的评价来做事,比如,如果你赞扬他是个乖巧的孩子,那么,他就会按照你的意愿,处处都表现得乖巧:不说脏话,主动做家务,不与小朋友打架等;相反,如果你说他不听话,那么,他就会骂人、打人,做出一些让人生气的事情来。

因此,在家庭教育中,每一位父母都应该认识到我们的评

价对孩子的显然作用,所以,即便孩子调皮捣蛋,犯了错,也要找出孩子的闪光点,把这个亮点放大,并直接告诉他,他就会向着你期望的目标一步一步靠近。尤其是在孩子5~6岁这一亲子关系转变期,多鼓励孩子,给孩子认同,不但能让孩子获得信心和勇气,还能拉近亲子关系,从而更有利于家庭教育的展开。

一个小男孩正专心致志地拼装玩具超人。当他把超人拼装好时,被一个大个子男孩一把抢去,并被推倒在地。小男孩从地上爬起来,跑到妈妈面前哭诉。

原本妈妈应该去调查事情的真相,再严厉地批评大个子男孩一顿,然后安慰受伤的弱者,让抢玩具的孩子把玩具还给他,并且道歉认错。

然而这位妈妈没有这么做,她了解了事情的真相后,对挨打的男孩说:"不要哭,你去把属于你的东西要回来。"

于是这个小男孩就跑上去夺回自己的玩具,还跟大个子男孩打了一架。虽然过程很辛苦,但他最后胜利了,妈妈看到了小男孩拿回玩具时自信的笑容。

在生活中,家长往往教育孩子要学会谦让,或者通过成人的干预,为孩子解决难题,但却忽略了孩子应该从小懂得维护自己的权利和尊严,并在这一过程中获得自信。家长们,不妨放手,像那位妈妈那样,仅仅是给孩子一句鼓励,让他自己要回属于他的东西,同时,注意让他使用正确的方式。

那么,家长应该鼓励孩子多尝试哪些事呢?

1.鼓励孩子树立自信心

父母应该让孩子知道,树立自信心是战胜胆怯退缩的重要法宝。胆怯退缩的人往往是缺乏自信的人,对自己是否有能力完成某些事情表示怀疑,结果可能会由于心里紧张、拘谨,使得原本可以做好的事情弄糟了。

因此,父母要教导孩子在做一些事情之前就应该为自己打气,相信自己有能力发挥自己的水平,然后按照想法自己去努力就可以了。

2.鼓励孩子大胆与人交往

一般来说,怯于表现的孩子面对众多目光只是觉得不安,并非讨厌赞美和掌声,您只要看看他们投向同伴的目光就知道了。因此，家长应有意识地扩大孩子接触面，让孩子经常面对陌生的人与环境，逐渐减轻不安心理。闲暇时，带孩子和邻居聊上几句，帮孩子与同龄朋友一起玩耍，建立友谊；购物时甚至可以让孩子帮忙付钱；经常到同事、亲戚家串门；节假日，一家三口背上行囊去旅游，让孩子置身于川流不息的游客潮中……随着见识的增长，孩子面对别人的目光时，便会多几分坦然。

3.鼓励孩子做一些不喜欢做甚至是不敢的事

也有些孩子总是屈从于他人，不敢鼓足勇气尝试没有做过的事情，时间久了就会误以为自己生来就喜欢某些东西，而不喜欢另一些东西。应该让孩子认识到，什么事情都要敢于去尝试，尝试做一些自己原来不喜欢做的事，就会品尝到一种全新的乐趣，从而慢慢从老习惯中摆脱出来。这关键要看是否敢于尝试，是否能把自己的想法贯彻到底。

4.鼓励孩子学会照顾自己

父母要时时处处注意培养孩子的独立性、坚强的毅力和良好的生活习惯，鼓励孩子去做力所能及的事情，让孩子学会自己照顾自己。当孩子遇到困难时，父母不要一味包办，而要让孩子自己想办法解决。

当然，开始时父母要予以必要的指导，使孩子慢慢学会自己处理各种事，而不能一下子就不问不管，否则会使孩子手足无措，更加胆小。

5.鼓励孩子表现自我

有了家长的肯定,如果再加上外人广泛的认可,孩子的自信心会得到强化。带孩子走出小家,鼓励他迎着外人的目光勇敢地展示自己,这个过程可能较长,孩子的表现也会有反复,家长应有充分的心理准备。不妨先从孩子较为熟悉的环境入手,亲友聚会是个不错的选择,面对熟识的人孩子会比较放松。比如家长可以看准时机,轻声对孩子说:"今天是外婆的生日,如果为外婆唱首歌,她一定特别高兴。"要注意的是,家长不一定非得当众大声宣布,要给孩子留有余地,众人期盼的目光或是善意的笑声都有可能加重孩子的排斥心理。如果孩子还是拒绝,家长不要再施加压力,给孩子个台阶下:"是不是今天没有准备好呀?那下次准备好时再唱吧。"同时,为了减轻孩子的负面情绪,还可以给他一个微笑或拥抱,或找出别的理由对孩子进行肯定。

通过以上这些方法,当孩子获得赞美,体会到被肯定的喜悦时,自信心便会随之增强;而自信心的增强,反过来又会促使孩子勇于继续尝试。也许一时并不能像那些天性外向、开朗的孩子那样乐于表现,但只要他能学会勇敢地展示自己,就是在把握机会,积极进步。长此以往,孩子自然也就不再胆怯了。

另外,我们家长需要注意,面对胆小、勇气不足的孩子,家长切忌与同龄孩子对比或者辱骂孩子,应该不失时机地与孩子沟通，给孩子以鼓励和赞扬，帮助并引导孩子努力克服自身的弱点，尽可能避免孩子因胆怯所造成的紧张心理，以缓解孩子的胆怯，促进孩子健康成长。

"你怎么看"——给孩子发表自己意见的机会

我们明白，一个人的自立，要从思想上开始，也就是独立的思考能力，教会孩子独立思考，要首先给孩子发表自己意见的机会，言由心生，父母才能了解孩子的内心世界，才能因材施教，才能慢慢地划清与孩子的情绪边界，让孩子做到思维和情感上的独立。家庭教育是孩子接受的第一任教育，孩子是一个独立的生命，而不是作为父母的附属品而存在，让孩子发表意见，就能逐渐让孩子当家、自立！

其实，我们的孩子自从出生时，就有要发表意见的要求，比如用手去触摸自己喜欢的东西，不喜欢有些长辈抱自己时，就大声地哭闹，对于此时孩子的这些行为，父母一一接受了。可是随着年龄的增长，尤其是孩子到了5~6岁以后，当孩子有这种需求时，我们父母为什么又把这种自主权搁浅了呢？压制孩子发表意见，就是压制孩子的主见，这对孩子的成长是极为不利的。

具体说，父母应该注意以下几点：

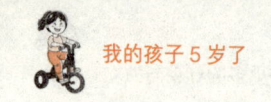

1. 尊重孩子

孩子不是可以任由父母摆布的玩意儿。在家庭教育中，家长应像尊重成人一样尊重孩子，把自己放在与孩子平等位置上，遇到问题换个角度去想想，寻求与孩子心理上的沟通。当孩子从父母的尊重和爱护中找到自信和自身价值的时候，他们自然而然就学会了尊重父母、尊重他人。

家长要把孩子看作一个独立人，他们有权发表自己的意见，父母不必过多地限制，家庭生活中出现的一些问题，要让他们去尝试，自己去判断、思索、体验。当然，尊重孩子的人格和自我意识并不等于放任孩子。在他们成年之前，父母可以引导他们，帮助他们辨别是非，培养他们独立思考，学会选择自己的人生目标。

尊重孩子，还要尊重孩子的个体差异。孩子间是有个体差异的，不要拿自己的孩子与别的孩子做比较，每个孩子都是不同的。可有些家长总喜欢拿自己的孩子与别人的孩子比。当自己的孩子比别人强时，父母就沾沾自喜，反之就不停地数落、讽刺、挖苦孩子，这样很容易使孩子消沉、迷惘。孩子由于年龄小，见识少，他们往往以父母、他人的评价来评价自己，过多的批评、责骂容易使年幼的孩子迷失自我，更不敢说出自己内心的真实想法了。父母要有足够的勇气承认并正视孩子间的差异，要怀着沉稳的心态耐心引导孩子，以他们自己的速度成长。

2. 不要压制孩子的想法

父母当然比孩子拥有更大的权利，甚至有权让孩子完全得不到任何权利，但这么做的后果是造就一个本性温柔但却没有主见、没有责任感而且脾气暴躁的孩子。

其实，疏导是比围堵更好的手段。而且，孩子拒绝父母要他做的事，不是要反对父母，只是想对自己的事有主导权。如果父母理解并尊重这一点，那么，对孩子的发展是有利的。

3. 支持孩子在小事上自己拿主意

当冉冉几次不肯睡觉时，妈妈对她说："冉冉，我相信你一定能管好自己的，因为你明天7点要起床。所以，你自己会在9点前上床睡觉，我相信你会自己注意时间。"果然，冉冉听话多了。

其实，家长可以支持孩子自己管理自己，并提醒他界限何在。当孩子做选择时，他觉得自己的确享有主导权，这一点会令他开心。又或者可以问他："你想要先听故事呢？还是先换上睡衣？"两种选择都暗示他该睡觉了。

4. 父母保持适当的权威

许多家长也许在孩童时期，所接受的教养方式是极端威权的，父母说一，他们绝不敢说二，所以，他们从未享受发表自己意见的权利。于是，他们把这种教育方式传达给了孩子。如果孩子所争取的是对他自己的自主权，而不是对父母的或其他人的管理权，那么他的要求就没什么不对。父母应将大人的权利保留在适当范围内,别将它过分延伸到孩子身上。但同时,也要让孩子尊重父母的权威。

尊重孩子的权利发展,同时坚持对孩子有利的一些原则。比如,你的女儿选择了8∶45上床睡觉,但时间到了,她仍不肯上床,你这时要严格要求她:"因为你今天答应的事情没有做到,所以明天你没有选择,一定要在八点半上床。"家长说出口的话,一定要严格执行。

我们的孩子从襁褓时期对父母完全的依赖,到发展自我意识、建立自信、试验探索,终于长大成一个独立的人,这都需要主见的培养。要想孩子有主见,父母可以遇事问他的看法和想法,不管是幼儿园的事还是家里发生的事,报纸上登的事,或者是路上看到的事,包括爱吃什么,爱穿什么,爱玩什么都要问他原因。从日常这些小事中,让孩子学会独立地发表自己的意见,让孩子学会独立思考,慢慢地,孩子就形成了遇事靠自己的习惯,并且,在这一过程中,孩子感受到了来自父母的尊重,也自然愿意与父母沟通!

参考文献

[1]朱永新,孙云晓,李燕.这样爱你刚刚好,我的5~6岁孩子[M].长沙:湖南教育出版社,2017.

[2] 简·尼尔森.3~6岁孩子的正面管教[M].北京:北京联合出版公司,2013.

[3]钱源伟.儿童心理百科[M].北京:北京理工大学出版社,2017.

[4]李骥,凌坤桢.15分钟改变孩子[M].北京:中国轻工业出版社,2009.